LOREN CUNNINGHAM

CON JEFF ROGERS

SIN FRONTERAS

EDITORIAL JUCUM

P.O. Box 1138 Tyler, TX 75710-1138

Editorial JUCUM forma parte de Juventud con una Misión, una organización de carácter internacional.

Si desea un catálogo gratuito de nuestros libros, solicítelo por escrito o por teléfono a:
Editorial JUCUM
P.O. Box 1138, Tyler, TX 75710-1138 U.S.A.
Correo electrónico: info@editorialjucum.com
Teléfono: +1 (903) 882-4725
www.editorialjucum.com

Sin fronteras en la voluntad de Dios
por Loren Cunningham
Publicado por Editorial JUCUM
P.O. Box 1138, Tyler, Texas 75710 EE. UU.

Originalmente publicado en inglés con el título *No Boundaries Within God's Will*.
Publicado por YWAM Publishing

Traducción de Antonio Pérez
Edición de Daniela Bejarano y Priscila Ugarte

Primera edición 2024

ISBN: 978-1-64836-132-6

Impreso en los Estados Unidos

Índice

INTRODUCCIÓN

Tu destino trasciende las expectativas del mundo. Muy pronto supe que una vida basada en la carne no tenía nada que ofrecerme. Ningún propósito. Ni alegría. Ni beneficio. La rutina fatigosa de vivir según los planes de los demás no me ofrecía nada atractivo.

Como la mayoría de los jóvenes, no sabía exactamente qué dirección debía tomar mi vida. Tenía más preguntas que respuestas. Señor, ¿qué propósito tienes para mí? ¿Cómo debo vivir? ¿Qué debo hacer?

Dios tenía para mí un plan mucho más grande de lo que me podía imaginar, y lo mismo tiene para ti. Me propuse obedecerle y el Señor me condujo paso a paso a viajar por todos los continentes. Prediqué, enseñé, canté, oré y repartí ropa y medicamentos. Hice todo lo que pude por ayudar a los demás.

Viajando por el mundo y observando distintas culturas, descubrí que no era el único con estos anhelos juveniles. Todas las generaciones en todas las culturas nacen con un discernimiento innato que les asegura que están vivos por una razón. Saben, de alguna manera, que su vida tiene un propósito. La esperanza juvenil prospera incluso en medio de grandes dificultades.

La generación actual está obsesionada con la búsqueda. Los más diligentes deslizan el dedo en busca de posesiones, amor, amigos o trabajo. ¿Con qué resultados? Solo unos pocos consiguen el trabajo, matrimonio o las posiciones con las que sueñan. Y justo cuando lo consiguen, la alegría del éxito obtenido puede desvanecerse. Despidos, rechazos o divorcios frustran su búsqueda y pasan a engrosar las filas de los decepcionados.

Otros renuncian a la búsqueda y se conforman con la diversión. Hacen clic en las posibilidades emergentes que ofrecen adicciones, entretenimiento, lujuria, avaricia, vanidad o chisme. ¿Puede algo o alguien acallar el llamado que resuena en lo más recóndito de sus corazones? La futilidad que sienten nubla su visión hasta volverles ciegos.

Pese a todo, queda un remanente en esta generación. Les he oído orar como si se estuviesen muriendo. Con almas que se desangran, lloran y piden algo más. Dios escucha sus oraciones desesperadas por justicia, sentido y esperanza.

«El pueblo que andaba en tinieblas vio gran luz; los que moraban en tierra de sombra de muerte, luz resplandeció sobre ellos» (Isaías 9:2).

Estos buscadores son el deleite de Dios. El efecto que producen las obras y oraciones guiadas por su Espíritu no tiene límites. Nada en la tierra puede controlar o contener a una vida que está plenamente dedicada a

Dios. Pueden traspasar cualquier frontera. Cualquier oposición puede ser derrotada cuando se levanta el remanente.

En estas páginas, cuento algunas de las experiencias más intensas de mis viajes misioneros. Me enfrenté a muchas situaciones difíciles y conocí a muchas personas interesantes que me ayudaron a descubrir el propósito de Dios para mi vida. He disfrutado de gran paz al confiar mi vida y mi futuro al Señor. Aun así, cuando empecé a entender los deseos de Dios, hubo tremendos obstáculos que tuve que superar. Mi familia, compañeros de trabajo y yo tuvimos que afrontar peligros y desalientos para perseverar en pos de sus caminos.

Este libro relata cómo Dios me guio y capacitó, y cómo puede hacer lo mismo contigo. Escribo esto rogando a Dios que encuentres tu camino para desafiar al mundo a seguirle a Él. Mi historia puede ser el prólogo de tu increíble viaje. Tu camino supondrá un gran desafío, pero tu Guía es el mismo. Con santa valentía y confianza, empréndelo hoy.

Loren Cunningham

1

PAÍS 238

Mi avión sobrevolaba la isla mediterránea de Malta y su templado mar azul mientras yo iba pensando en mi destino: el radical Estado Islámico de Libia.

Mi solicitud por vía diplomática y cartas personales a su dictador, Muamar el Gadafi, habían sido rechazadas. Había intentado entrar una vez en el país, pero fue en vano. En aquel viaje sufrí una grave lesión y otras dolorosas pruebas en el desierto.

¿Por qué insistía en ir a un lugar tan peligroso? En cuarenta años de servicio misionero, Libia era el único país que nunca había pisado. En mi labor con Juventud con una Misión, había visitado o servido en 237 países y más de 200 territorios e islas. Sentía el llamado a cumplir la misión de Deuteronomio 11:24, en donde el Señor prometió al pueblo de Israel: «Todo lugar que pisare la planta de vuestro pie será vuestro; desde el desierto hasta el Líbano, desde el río Éufrates hasta el mar occidental será vuestro territorio». Israel no cumplió esa misión, y yo no quería desobedecer el mandato de ayudar a concluir la gran comisión.

Dado que el gobierno estadounidense consideraba a Libia un Estado patrocinador del terrorismo, había roto lazos políticos con el país norteafricano. Un alto funcionario estadounidense me advirtió: «Entiendo que vives según una ley superior. No te detendremos. Pero si te metes en problemas en Libia, no te podremos ayudar».

Seguí la ruta del avión hacia el sur en un monitor aéreo. Al acercarnos a Trípoli, el tren de aterrizaje del avión de Swiss Air vaciló. Mi reloj marcaba las dos en punto cuando las ruedas quedaron bloqueadas al aproximarnos para tomar tierra.

«Allá vamos», dije haciendo un gesto con la cabeza a los dos compañeros de Juventud con una Misión con quienes viajaba: Magdy y Markus. Un amigo, diplomático europeo, me ayudó a obtener el visado durante una breve dismunición de la tensión entre las Naciones Unidas y el agresivo gobierno libio. Pero el visado no era una garantía de seguridad en esa volátil dictadura. Si sospechaban que éramos misioneros, nos enfrentaríamos a la cárcel o a algo peor.

Esperábamos encontrarnos con un «agente de viajes» libio al llegar. A estos agentes se les asignaba la tarea de vigilar a cada visitante y se les ordenaba informar de cualquier cosa que el gobierno considerara sospechosa. Ninguno de nosotros deseaba conocerlo en persona. También estábamos a la espera de contactarnos con amigos de amigos creyentes que no conocíamos. No podíamos reunirnos con ellos si el agente de viajes nos vigilaba de cerca. Si los creyentes locales quedaban expuestos por contactarse con misioneros extranjeros, podrían ser sentenciados a muerte.

Respiré hondo cuando las ruedas del avión tocaron tierra. «¡Gracias, Señor, por traerme aquí!», oré en silencio. «Guíanos y protégenos». Frente al riesgo de la policía secreta libia y las ejecuciones sin juicio, necesitábamos la ayuda de Dios para regresar a casa sanos y salvos.

Nos bajaron del avión y nos condujeron al casi desierto aeropuerto internacional de Trípoli. Sus detalles de mármol y arcos curvos evocaban tiempos más prósperos, anteriores al embargo de las exportaciones de petróleo libio.

Entre las dos docenas de pasajeros de nuestro vuelo, Markus y yo éramos los únicos que no eran árabes. El murmullo de conversaciones en árabe se acalló cuando la gente se fue acercando a los funcionarios de inmigración situados en cabinas de cristal.

Antes de pasar por la aduana, me ubiqué en la fila de control de pasaportes para extranjeros. Escudriñé la multitud, intentando localizar al agente de viajes, cuando, de pronto, mis ojos se cruzaron con la mirada ambarina de un joven libio.

Sus curiosos ojos parecían preguntar: «¿Quién eres realmente? ¿Qué haces aquí?» Ojalá hubiera podido decírselo. Ojalá hubiera podido presentarle a Jesús. Pero avancé en silencio, sabiendo que debía confiar en Dios en tan peligrosa situación.

Quemado en la visión

Al ver la cara del joven, recordé cuando yo tenía más o menos su edad, hacía más de cincuenta años. Fue por aquel tiempo cuando comenzó mi viaje global. Mi familia vivía por aquel entonces en Los Ángeles, pero mientras visitaba una iglesia en Arkansas, tuve una experiencia que hizo saltar por los aires mi mente juvenil y marcó el curso de mi vida.

Mis padres eran predicadores itinerantes, por lo que no era raro que enseñaran en iglesias fuera de nuestra región. Una noche, mi madre predicó un sermón e invitó a la gente a orar. Yo me acerqué y me arrodillé junto a la baranda de madera del altar. Luego vi una imagen tan extraña que me costó creer lo que estaba sucediendo. Aunque tenía los ojos cerrados, aparecieron ante mí unas palabras en mayúscula que decían: «VE POR TODO EL MUNDO Y PREDICA EL EVANGELIO» (Marcos 16:15).

Me quedé atónito ante las letras en negrita cinceladas frente a mi vista. Abrí y cerré los ojos. Las palabras seguían allí, ardiendo misteriosamente por más de una hora. Todavía hoy, tengo el recuerdo nítidamente grabado en la memoria.

Esa noche, supe que Dios me llamaba a ir por todo el mundo y predicar el amor de Jesús. Hasta entonces no había dado más que un salto sobre las fronteras de México y Canadá. Sin embargo, Dios me dijo: «A todo el mundo». ¿Cómo se inicia un viaje así? Yo no era más que un muchacho de trece años que crecía en el sur de California. Era imposible comprender el sacrificio y el peligro que implicaba mi llamado. Tampoco podía imaginarme la alegría y la plenitud que me aguardaban.

Drogas en el oeste de Los Ángeles

Aquella noche fue decisiva para mí. Había presenciado la agitación y la tragedia en la vida de algunos amigos adolescentes en el oeste de Los Ángeles. Las decisiones que tomábamos acarreaban implicaciones de vida o muerte. A los diez años conocí a un amigo, Jimmy Abbot, y le conduje al Señor. Era un chico con gran potencial, pero empezó a consumir marihuana a los doce años y luego comenzó a venderla. Cuando la policía vino a detenerle, intentó escapar y le dispararon.

Don Bennet fue otro chico que llevé a la iglesia. Que yo sepa, no entregó su corazón al Señor. Pero le hablé de Jesús unos días antes de que fuera asesinado a la edad de dieciséis años. También invité a otro amigo, Kenny Griswold, a ir a la iglesia. Intentó que yo le acompañara a una fiesta. Le gustaba beber. Cuando tenía quince años fue asesinado en una de ellas.

Por esa misma época, tuve otros amigos en el lado opuesto. Ellos amaban a Jesús y le seguían. De manera que noté un profundo contraste. Sabía lo que estaba en juego si seguía la luz o las tinieblas.

Obediencia todoterreno

Cuando era adolescente, en una California loca por los coches, se me ocurrió un plan. Ganaba un buen sueldo repartiendo periódicos. Y ahorraba todo lo que podía para comprarme el coche de mis sueños: un Chevy azul, modelo 1939. Ya había ahorrado el salario de varios meses cuando, un domingo, ocurrió algo inesperado. Justo enfrente de la iglesia, alguien había aparcado un Jeep 4x4.

Mi padre, Tom Cunningham, explicó a la congregación lo del Jeep. «Vamos a patrocinar a un misionero en África occidental, en una aldea llamada Natitingou. El misionero tiene problemas para acceder a sus iglesias durante la época de lluvias. Necesita un todoterreno para atravesar caminos abruptos y embarrados».

Sabía en mi fuero interno que Dios quería que hiciera algo. Miré a los lados y vi a Lonnie Ketchey, dueño de un puesto de hamburguesas, y a Herb Welch, encargado de la escuela dominical, echar dinero en el plato de las ofrendas. En nuestra iglesia no había ricos. Era un gran reto soñar con la compra de un auto para enviarlo a África. No obstante, todo el mundo ofrendó alegre y generosamente. Yo oré y decidí entregar dos meses de mi sueldo de repartidor de periódicos.

Aquel pequeño grupo de creyentes recaudó más dinero del que mi bisoño corazón esperaba. En pocas semanas, la iglesia pudo enviar un *jeep* rojo a los misioneros de Natitingou. El ver la compra y el envío del todoterreno gracias a las donaciones de nuestra pequeña congregación cautivó mis sueños. Pasaron muchos años antes de volver a oír hablar de aquel *jeep*.

2

LLAMADOS ÚNICOS Y UNIVERSALES

La entrega de mis ahorros para adquirir aquel vehículo fue un paso trascendental para mí. Había crecido conociendo la importancia de la generosidad. Ofrendaba regularmente en la iglesia, pero supe que el *jeep* era diferente. Sabía que Dios quería que diera mi dinero específicamente para ese auto. Él me estaba enseñando a escuchar y obedecer. Me estaba preparando para cosas especiales que me esperaban.

A menudo se oye hablar de gente que tiene una «vocación vital». A veces se dice de una persona que es un buen médico, arquitecto o profesor y que su profesión es su vocación de vida. Aunque la gente te diga que «has encontrado tu vocación», Dios te llamará a hacer muchas cosas. Seguir a Dios no es un proceso de un solo paso.

Dios tiene llamados únicos, cosas hechas a medida que son exclusivamente para ti. Otros son llamados más comunes. Por ejemplo, cuando me casé con Darlene, Dios me llamó a ser un buen marido y padre. Estos dos llamados vitales no son solo para mí. Dios llama a muchos hombres de la misma manera. Ningún buen padre diría a sus hijos: «Soy llamado a ser padre, no a ser un marido».

Pero la gente trata de hacer esto con el propósito de Dios para sus vidas. Algunos se aferran a lo primero que Dios les dice que hagan y dejan de lado todo lo demás, como si fuera una distracción de «su llamado». Nunca asumas que tu primer paso al obedecer a Dios será el último.

Es vital procurar una comprensión más completa de los propósitos de Dios. Algunos de sus designios son solo para ti —son llamados individuales, incluso únicos—. Otros son para todos, llamados universales. Dios llama a cada creyente a orar, dar y comunicar la verdad. Estos son llamados universales que tenemos que cumplir, aunque tengamos un llamado específico en un ámbito como la música, la predicación, la educación o la tecnología. Algunos, erróneamente, van en pos de un llamado único llegando al punto de abandonar todos los llamados universales. Dicen: «No puedo hacer esto porque no es mi don». No obstante, Dios te proporcionará las herramientas necesarias para cumplir tu vocación, independientemente de tus habilidades naturales.

A medida que le obedezcas, Dios tejerá tus llamados únicos y universales para confeccionar un tapiz magistral. Dios puede tomar lo que eres, todas tus experiencias, identidad, herencia y entorno, y crear algo mucho más perfecto que todo lo que eras antes. Tu cercanía y tu obediencia a Él son dos elementos fundamentales que Dios forjará en tu destino. Nuestras mentes finitas no pueden comprender el potencial ilimitado del poder de Dios aunado con la obediencia humana.

Dios nos juzgará conforme a la norma de si le obedecemos o no. No creerá ninguna excusa que le ofrezcamos. Una vocación no excluye a otras.

Cuando conocí a mi esposa, Darlene, ella servía a Dios como enfermera. Después de casarse, Dar no trabajó más de enfermera. En su lugar, empezó a viajar y a servir en las misiones. Con el tiempo, crio a nuestros hijos, Karen y David. Darlene fue cofundadora de Juventud con una Misión. Ha enseñado ante miles de personas y ha viajado a 152 países. Aunque Dar no ha trabajado de enfermera a tiempo completo desde hace mucho tiempo, su formación la capacita para prestar asistencia médica: ha ayudado a nuestra familia y a muchos otros a lo largo de nuestros viajes. Pero le agradezco que no se limitara a la enfermería.

No hay manera de conocer todos los pasos antes de seguir el camino de Dios. Asegúrate de no descuidar los llamados universales como dar, orar, adorar y comunicar la verdad de Dios. Escucha y obedece a Dios cuando das tu primer paso y los pasos siguientes.

En lugar de aferrarme a un llamado único para el futuro, empecé desde donde estaba en ese momento. Di lo que tenía y confié en que Dios se ocuparía del resto. En aquel momento obedecí el llamado de dar. No tenía ni idea de lo importante que sería más adelante dar dinero para ese Jeep. No me daba cuenta de que dar en la voluntad de Dios desata una bendición sin límites. No conocemos el eco de nuestro llamado.

Aunque no entendía el significado, seguí dando pasos de obediencia.

Aquellos pasos me llevaron a un peligroso viaje por África occidental. En las selvas y aldeas africanas empecé a ver la razón por la que Dios me había llamado a «ir por todo el mundo».

Aterrizaje de emergencia

Llevábamos unos minutos volando hacia el este de Tambacounda (Senegal) cuando apareció en el horizonte una oscura nube que amenazaba con una tormenta. Una lluvia fina dio paso a grandes gotas que golpeaban contra el parabrisas. La tormenta tropical sacudía el fuselaje y martilleaba el cristal. Me incliné hacia delante para intentar ver algo.

Acababa de licenciarme en la Universidad del Sur de California en 1958, y ese era mi primer viaje a África occidental. Pilotaba la avioneta Talmadge Butler, un misionero que vivía en Senegal. Normalmente pilotaba su Cessna monomotor sin radar ni torres de control para orientarse. Nadie habitaba en esa región salvaje de África. La mujer de Talmadge y su hijo de seis años iban sentados en los dos únicos asientos traseros. Él comprobaba regularmente la brújula y el altímetro para mantener el rumbo de la avioneta.

—Según mis cálculos, debemos estar a medio camino del sitio de aterrizaje, en Kedougou. Es un vuelo de dos horas —dijo Talmadge—. Pero por lo que parece, esta tormenta podría extenderse hasta Kedougou. Será mejor que demos la vuelta.

La avioneta viró hacia el oeste. Cuando llegamos a Tambacounda, la lluvia y las densas nubes ocultaban la pista de hierba.

—¿Puedes ver algo? —preguntó Talmadge. Yo sacudí la cabeza.

—Solo lluvia y nubes.

Talmadge sobrevoló en círculos la zona selvática donde debíamos aterrizar. Miré la consola del avión. La aguja roja del indicador de combustible se inclinaba hacia la «E». Aunque tuviéramos una radio, no había torres de control para pedir ayuda. Era un lugar remoto.

—Si no podemos ver, no podemos aterrizar. Sigue buscando un hueco en las nubes —dijo Talmadge.

Yo seguía mirando hacia abajo, pero no podía ver ni un centímetro de tierra. Talmadge se aferró a los mandos con fuerza.

—Tenemos que orar. Solo nos quedan cinco minutos de combustible. Pero hay dos horas hasta la próxima pista de aterrizaje. No podremos aterrizar si nos alcanza toda la fuerza de la tormenta.

Su mujer y su hijo se unieron a nuestra oración para que Dios nos salvara. Vi cómo el cielo se iba oscureciendo cada minuto que pasaba. Seguimos orando y, de repente, apareció una abertura entre las nubes. Por fin pude ver la selva verde oscuro que había debajo.

—¡Ahí! ¡Ahí está! —grité.

Talmadge empujó hacia adelante los mandos y se dispuso a aterrizar. Enfiló el morro del avión hacia un tajo de tierra roja: un camino apenas visible a través de la apertura de nubes. Las ruedas del avión tocaron el camino embarrado. El camino nos condujo perfectamente hasta la pista de aterrizaje, cercana a la casa de los misioneros de Tambacounda. Nos detuvimos cerca de un viejo cobertizo de la Segunda Guerra Mundial.

La lluvia me golpeó cuando descendí del avión pisando el ala. Justo entonces, llegó lo peor de la tormenta. Un viento huracanado alabeaba los árboles. Las ráfagas descargaban lluvia hasta el extremo, empapándonos mientras nos apresurábamos a guarecernos en el cobertizo.

Al enterarse de nuestra llegada, los misioneros de Tambacounda condujeron su 4x4 para recogernos. Al cabo de poco descansábamos en su casa. Di gracias a Dios por encontrarme a salvo con Talmadge y su familia.

Cuando se vive un percance cercano a la muerte, las perspectivas cambian. De alguna manera, podía aceptar morir *si* era la voluntad de Dios, lo que no quería era morir por causa de mis propios yerros imprudentes. *¿Cómo podía correr solo los riesgos que Dios quería?* No quería perder Su propósito por culpa de mi imprudencia.

A partir de entonces, empecé a pedirle a Dios que me ayudara a reconocer cosas que no eran ideas suyas. Mediante ensayos y errores y el sabio consejo de otros, empecé a discernir los propósitos de Dios. Siempre estoy aprendiendo esto.

Pronto aprendí que los propósitos de Dios nunca contradicen las instrucciones que contiene la Biblia. Dios a menudo confirma su intención mediante consejos piadosos o las palabras inesperadas de creyentes de confianza. También puede confirmarnos sus planes a través de versículos específicos o circunstancias sorprendentes. Y si se trata de algo vital, Dios siempre nos mostrará sus propósitos personalmente, no solo a través de otros.

Con el tiempo, estas lecciones me ayudaron a seguir el camino de Dios y evitar errores peligrosos. Estaba aprendiendo a confiar en lo que oía de parte de Dios.

Las sendas de la guía divina siempre nos acercan a Él. Refuerzan la confianza, refinan el carácter y nos enseñan algo de Él. Me había graduado de la universidad, pero mi aprendizaje continuaba.

Al día siguiente, nos saludó un cielo azul sin nubes, y reanudamos el viaje de dos horas a Kedougou. Aterrizamos en una pista que Talmadge había despejado en la selva con la ayuda de los aldeanos. Allá, en las fronteras de África, pronto hallaría honor y posibilidades. Era mi oportunidad para obedecer mi llamado para hablar de Jesús.

Pueblo VIP

Al día siguiente, viajé en el 4x4 hasta Banteko, pueblo primitivo donde, según Talmadge, nadie había oído hablar de Jesús.

Me dirigí al jefe del pueblo para cumplir el protocolo del saludo tradicional. Me estrechó la mano y chasqueamos los dedos según su costumbre. Talmadge tradujo para el anciano del lugar.

—¿Cómo está su maíz? —me preguntó el jefe.

—Soy estadounidense —le respondí—. Nuestro maíz está bien. Gracias. ¿Cómo está el suyo?

—Bien —respondió el jefe. Siguió preguntando por mis cabras y gallinas. Y entonces, me dijo:

—¿Y cómo están sus mujeres?

Las esposas son parte del estatus en esa cultura. Cuantas más esposas tienes más alta es tu posición. En Banteko, podías conseguir una buena esposa por una sola vaca o podías conseguir una esposa no tan buena por dos gallinas y una cabra.

Pero yo estaba soltero. Si hubiera sido de Banteko, mi posición habría sido demasiado baja para hablar con él.

Tras una incómoda pausa, me dirigí al jefe.

—He venido desde muy lejos con un mensaje especial para su pueblo. ¿Puedo hablar con la gente?

El jefe declaró un día festivo. Envió corredores para convocar a todos los trabajadores del campo. Jóvenes y mayores se reunieron para escuchar el importante mensaje.

Me planté con los aldeanos bajo un árbol y les conté cómo Dios hizo el mundo y envió a su hijo, Jesús. Mientras refería la historia a la tribu, oía las respuestas que daba el jefe. Gruñía « ¡Mmh, mm!» cuando entendía y aprobaba. Si no, hacía una mueca y gruñía más bajo: «Hmm». Si oía eso, daba más explicaciones hasta que oía al anciano decir: «¡Mmh, mm!».

Allí estaba yo, un soltero de unos veinte años, hablándole a todo el pueblo.

3

«IR» SIGNIFICA CAMBIAR DE UBICACIÓN

En Banteko quedó clara la razón por la cual es esencial viajar lejos para predicar el evangelio. Sabía que en Los Ángeles, aunque tuviera cien esposas, nadie convocaría un día de fiesta y me permitiría predicar a todos nuestros «aldeanos».

Era vip (o importante) por la distancia que había recorrido. Emprender aquel largo viaje para llegar hasta su tribu demostraba el valor del mensaje que portaba. Incluso aumentaba mi estima por las misiones, el hecho de predicar las buenas nuevas de Dios a los aldeanos de Banteko.

Cuanto más lejos viajes, más disposición habrá a recibirte y honrar el mensaje que llevas. Esto explica, en parte, por qué Jesús dijo que fuéramos a otros lugares.

He oído a algunas personas insistir en que solo se debería contar con obreros nativos, debido a las diferencias lingüísticas y culturales y al coste de los obreros extranjeros. Es difícil y costoso llevar a cabo misiones eficaces en el exterior.

Cuando Jesús dijo a sus seguidores: «Id, pues, por todo el mundo», no hablaba en sentido figurado. Sus seguidores pronto empezaron a llevar su mensaje de redención mucho más allá de sus ciudades natales, hasta los confines del mundo conocido. Podemos predicar localmente, pero la evangelización transcultural tiene una ventaja única. Al acercarme a Banteko, vi cómo los viajes al extranjero mejoraban drásticamente los efectos del esfuerzo misionero. Me di cuenta de que Jesús hablaba en serio. «Ir» significa cambiar de lugar.

En Nazaret, ciudad natal de Jesús, Él explicó a sus discípulos que «no hay profeta sin honra sino en su propia tierra, y entre sus parientes, y en su casa» (Marcos 6:4). La Escritura dice que no pudo hacer allí muchos milagros por causa de su falta de fe.[1]

Cuán trágico fue que la gente de Nazaret se perdiera la sanidad y la liberación a causa de la actitud de su pueblo natal hacia Jesús. No es más que el hijo del carpintero,[2] se burlaban «y se escandalizaban de él».[3] Después de predicar en Nazaret, una turba enfurecida trató de despeñarle por un acantilado.[4]

Los profetas nativos o locales no deben esperar que les vaya mejor que a Jesús. Si crees que Dios no quiere que sigas el ejemplo del ministerio móvil de Jesús, prepárate para sufrir oposición o ser ignorado.

---

1 Mateo 13:58.
2 Mateo 13:55.
3 Mateo 13:57.
4 Lucas 4:29.

Jesús nos dice que nos alejemos porque Él conoce la alternativa. Sabe lo que significa que nos quedemos en una ciudad que desprecia a los lugareños que declaran la verdad. Él nos llama a un cambio de escenario que ayuda a traspasar las fronteras espirituales y permite a la gente escuchar el mensaje con mayor claridad.

Las palabras de despedida de Jesús

A veces, la gente solo reverencia a Jesús como Dios grande y santo. Y lo es. Pero con frecuencia la gente olvida que también es humano. Las últimas palabras de un ser querido son muy estimadas. Por lo general, aun a los prisioneros se les concede una petición antes de morir. Así pues, ¿cuáles fueron las últimas palabras que pronunció Jesucristo antes de ascender al cielo? Hechos 1, Marcos 16, Lucas 24 y Mateo 28 recogen las últimas instrucciones de Jesús, su gran comisión, que nos manda a «ir». Hechos cita a Jesús diciendo que vayamos «hasta los confines de la tierra». Jesús dice «Id por todo el mundo», en Marcos. Lucas registra la comisión de Jesús de ir «a todas las naciones».

Antes de que mi amigo Keith Green, cantante de góspel, se fuera con el Señor, me dijo: «Si no tienes un llamado claro para quedarte aquí, estás llamado a ir».

El final del evangelio de Mateo subraya que la última petición de Jesús ni siquiera es una petición. En ella declara: «Toda potestad me es dada en el cielo y en la tierra. Por tanto, id, y haced discípulos a todas las naciones».[5]

Para los que no saben quién es Jesús y lo que dijo, la gran comisión es la causa más grande que la humanidad ha conocido. Mueve a cumplir el primer

5 Mateo 28:18-19a.

mandamiento: amar a Dios y al prójimo. Para honrar a Jesús, hay que honrar sus últimas palabras.

Cuando uno obedece de corazón el llamado a ir, las preguntas «dónde» y «cómo» pueden ser respondidas. Las últimas palabras de Jesús pueden guiarte a cruzar la calle o el mar. Si escuchas sus palabras, no te resultará difícil descubrir sus propósitos y obedecerle.

El versículo más tergiversado

Una vez visité una gran denominación en el Pacífico que nunca había enviado un solo misionero más allá de su propio territorio. Cuando me enteré, empecé a inquirir y descubrí la razón por la que un grupo cristiano de ese tamaño no había obedecido el llamado de ir.

Uno de los líderes de la iglesia local me dijo: «Bueno, la Biblia dice que vayamos primero a Jerusalén, luego a Judea y Samaria, y después hasta los confines de la tierra. No iremos a los confines de la tierra hasta que hayamos alcanzado a nuestra "Jerusalén"». Pero ¿dice acaso la Biblia que debemos alcanzar primero a Jerusalén? En Hechos 1:8, Jesús dice: «...me seréis testigos en Jerusalén, en toda Judea, en Samaria, y hasta lo último de la tierra». Muchos creen que dijo: «Primero en Jerusalén». Pero no hay ningún «primer lugar» en el versículo. Ponen, inconscientemente, palabras en la boca de Jesús. Al añadir una palabra que no aparece ahí, concluyen que Jesús quería decir que no debes «ir» a ninguna parte hasta que hayas llegado primero a tu ciudad natal o país de origen. Pero esto no es lo que Jesús quiso decir, puesto que contradice su afirmación de que ellos serían testigos en todos esos lugares.

Supongamos que añadimos la palabra «primero» y forzamos este versículo en el sentido de un modelo rígido para el ministerio. En ese caso, Jerusalén no es tu ciudad natal, a menos que vivas en Israel. Jerusalén ni siquiera era la ciudad natal de los discípulos. Este versículo da la instrucción literal de Jesús, no figurativa.

La Escritura afirma que se predicaría «en su nombre el arrepentimiento para perdón de los pecados en todas las naciones, comenzando desde Jerusalén» (Lucas 24:47). Jesús murió y resucitó en Jerusalén y, de hecho, fue allí donde se propagó el evangelio. Jesús mandó a sus discípulos que se quedaran allí hasta que fueran revestidos del poder de lo alto.[6] La ciudad de Jerusalén fue el epicentro del plan redentor de Dios. Pero en este pasaje de la Escritura, Jerusalén es solo una ciudad. No es una metáfora que alude a todas las ciudades. Jerusalén no es aquí una referencia simbólica, ni siquiera parte de una parábola.

No podemos permitir que las suposiciones sesguen nuestra comprensión del propósito de Dios para nuestra vida. Tu misión en la vida debe basarse en lo que Dios dice, no en lo que la gente desearía que dijera.

Jesús, en Hechos 1:8, comenzó diciendo: «...me seréis testigos en Jerusalén...». En este punto, los discípulos escucharon Jerusalén y tal vez pensaron: «¡Correcto! Allí es donde Él dijo que nos reuniéramos». «...y Judea...», prosiguió el Maestro. «¡Claro, en dirección a Galilea!», supusieron probablemente. Entonces Jesús añadió: «Y Samaria, y hasta los confines de la tierra». «¿Qué? ¡Se ha saltado Galilea!», pudieron haber pensado los discípulos. Galilea habría sido el siguiente punto geográfico de su expansión.

Recuerda lo que se dice en Hechos sobre los discípulos: ¿No son todos galileos? No obstante, Jesús ni siquiera menciona su región o ciudad natal.

---

6 Lucas 24:49.

Mucha gente cree que Dios ama a su pueblo o tierra natal más que a otras. Los discípulos no eran diferentes. Molestaron a Jesús y le preguntaron: «Señor, ¿restaurarás el reino de Israel en este tiempo?».[7] Pero Jesús también ama a la gente que habita en «los confines de la tierra» tanto como a los residentes de nuestras ciudades. Intentaba inculcar en los discípulos su visión global. Por eso se saltó Galilea. Les indicó la ruta concreta por la que saldrían de su tierra natal.

No obstante, los creyentes no abandonaron Jerusalén hasta después de comenzar la violenta persecución del capítulo 8 de Hechos. Solo Dios sabe si haber salido antes de Jerusalén les habría librado de la persecución. En cualquier caso, el asesinato de Esteban y el arresto de creyentes les obligaron a obedecer a Jesús y movilizarse. Entonces fueron, tal como Jesús les había dicho, a Judea, Samaria y más allá.

La historia de la Iglesia relata que Tomás viajó a la India; Mateo a Etiopía; Marcos a Alejandría, y Simón viajó por África y Gran Bretaña. A medida que se desplazaban, otras personas recibían el evangelio y se convertían en seguidores. Una iglesia crece cuando viaja. Así fue como empezó. Así es como el Espíritu nos mueve hoy.

Movidos por el Espíritu

Jesús habla del poder milagroso diciendo: «Estas señales seguirán a los que creen» (Marcos 16:17). Para que algo te siga, debes estar en movimiento. Jesús nos dijo que nos pusiéramos en movimiento: «Id por todo el mundo y predicad el evangelio a toda criatura» (Marcos 16:15). Muchos de nosotros no vemos señales sobrenaturales porque no nos movemos. Nadie puede seguir

---

7 Hechos 1:6.

a un auto estacionado. Las señales del Espíritu Santo no siguen a los «cristianos estacionados».

¿Quién debe ir? Todos somos testigos. Todos somos la Iglesia. La gente lo malinterpreta porque piensa que la Iglesia es un edificio. No es así. Es un grupo de personas que adoran y siguen a Jesús. Esto debería ser obvio porque no hubo templos cristianos hasta 250 años después de Cristo.

La Iglesia somos nosotros. La palabra procede del griego *ecclesia*, es decir, los llamados a salir. La Iglesia es un grupo de personas «llamadas» por Jesucristo.

Una parte de la Iglesia es local, mientras que la otra es móvil. No aceptes la afirmación de algunos líderes que dicen que las iglesias locales son la única forma en que Dios quiere difundir la Palabra. En Hechos 13, Pablo dirigió un equipo móvil de iglesia que llegó a contar con doce personas. Ellos se sometieron directamente al Espíritu Santo, sin embargo, las iglesias locales les reconocieron como parte de la Iglesia. Ya sea que Dios te llame a «ir» a una comunidad local en Namibia o a atravesar Asia en un equipo de «iglesia móvil», es fundamental valorar y apoyar tanto las partes locales como las móviles del cuerpo de Cristo.

Busca tu equipo

Una iglesia móvil necesita estructura, lo mismo que una iglesia local. Necesitamos líderes con visión y sabiduría tanto en las iglesias locales como en las móviles. Los buenos líderes forman equipos que valoran los dones espirituales y las funciones de sus miembros. Para cumplir el propósito de Dios para tu vida, necesitarás buscar un equipo.

Me encanta el proverbio africano que dice: «Si quieres ir deprisa, ve solo. Si quieres llegar lejos, ve acompañado». Creo que los equipos son esenciales para completar la gran comisión. Podría ser un error enviar a la gente sola ante el peligro de sufrir desánimo o ataques espirituales.

Algunos pensaban que Billy Graham era un llanero solitario en su ministerio. Pero cuando le visité en su casa o conversé con él en juntas directivas o entre bastidores, en conferencias, vi el sólido equipo que había formado a su alrededor. Se ministraban unos a otros y se ayudaban mutuamente en sus funciones específicas. Ese equipo fue uno de los secretos de su éxito extraordinario.

La propia identidad de las personas que formaban parte del equipo viajero de Pablo mostraba a un Dios sin fronteras. En su equipo había judíos, africanos, europeos y asiáticos. Incluía tanto hombres como mujeres. Sus miembros podían hablar griego, hebreo, arameo, latín y posiblemente otras lenguas.

La iglesia móvil de Pablo llegó a una vasta franja de Europa y de Asia. El libro de los Hechos dice: «Así continuó por espacio de dos años, de manera que todos los que habitaban en Asia, judíos y griegos, oyeron la palabra del Señor Jesús».[8] Ese equipo dio un ejemplo vivo de un Dios sin fronteras nacionales, étnicas o de género. Nadie podía señalar con orgullo e ignorancia y objetar: «¡No permitiremos que los gentiles hablen en nuestra iglesia!». No eran solo gentiles. No podían decir: «Nuestra cultura no permite que hablen las mujeres». Allí estaba el apóstol Pablo, recomendando a Febe como diaconisa de la iglesia,[9] y a Junia como apóstol.[10] El equipo de Pablo no derribó barreras raciales o de

---

8 Hechos 19:10.

9 Romanos 16:1 — Veáse más sobre esto en: Loren Cunningham. *¿Por qué no la mujer?* (Editorial JUCUM, 2024).

10 Romanos 16:7.

género con protestas, peticiones o sentadas, sino siendo quienes eran y sirviendo a Dios en equipo. Son ejemplos estelares para las iglesias modernas de todo el mundo.

En la actualidad, el crecimiento más importante de la obra misionera se está dando entre los misioneros de los países en desarrollo. Hombres y mujeres de África, Sudamérica y Asia están respondiendo al llamado universal a «ir». Estos misioneros están impulsando el crecimiento de las iglesias en todo el mundo. Su obediencia debería animar a las naciones tradicionalmente «emisoras de misioneros» a perseverar en su misión. Todos los países, ricos o pobres, alcanzados o no alcanzados, necesitan valor para enviar misioneros y humildad para recibirlos.

Aunque en mi niñez había escuchado muchos sermones sobre misiones, no había caído en la cuenta de que las misiones son para todos. Fue difícil romper con esta asunción cultural. Tuve que madurar e ir yo mismo a la misión. Por todas partes, encontré hombres y mujeres fieles sirviendo a Dios en África, Sudamérica y Asia. Ellos me abrieron los ojos para ver. El llamado de Jesús a «ir» es para todo creyente. Es una parte esencial del propósito de Dios para nuestra vida.

¿Quién, yo?

Viajar a todas las naciones parece imposible para la mayoría. El mero hecho de hablar a un vecino de Jesús intimida a mucha gente. Pero Dios no te pone a prueba para ver si puedes caminar sobre el agua. Jesús empieza diciendo: «Sígueme». Él te da el primer paso e incluso gracia extra para darlo. Como un niño que aprende a caminar, tu fe crecerá a medida que obedeces cada paso y escuchas para dar el siguiente.

Si te caes, tu Padre te levanta. No te rechaza por tus errores. Cuando te arrepientes, te ayuda a levantarte, te coge de la mano y te guía para que des otro paso. Jesús no se limitó a tolerar a la gente que le rodeaba cuando vino a la tierra. Sabía que era una «generación incrédula y perversa»,[11] pero les llamó a la fe y a la acción. Invitó a pescadores comunes y a un recaudador de impuestos a seguirle. También nos invita a nosotros.

Jesús quiso explicar su mensaje a través de Pedro, Santiago y Juan. Y ahora quiere emplearnos a nosotros. Los discípulos lo hicieron. Doce hombres de una ciudad pequeña de un lugar atrasado desataron tal fuerza que derribó imperios malvados.

Como se puede leer en Hechos, fue agotador. Hubo verdaderos desórdenes que aclarar. Hubo desacuerdos, problemas de organización e incluso uno o dos cuerpos que enterrar.[12] Pero recibieron el Espíritu Santo, sus vidas glorificaron a Dios y se movieron en su poder.

Durante aquellos días en África, aún no había hallado a mi equipo. Había muchas incertidumbres. ¿A dónde debo ir ahora? ¿Cómo puedo ayudar a otros a ver que esto también es para ellos?

Pocas semanas después dejé atrás Banteko y proseguí por África occidental. Como joven que predicaba en el extranjero, fui testigo del resultado de ir a lugares lejanos con el mensaje de Dios. Pronto, Dios me mostró el profundo efecto que tuvo obedecer el llamado universal a dar. Me lo mostró con un Jeep y un bichito.

11 Lucas 9:41.
12 Hechos 5.

4

EL VIAJE DE TU VIDA

Mientras predicaba en algunas aldeas de Togo, recibí una invitación para pasar a Benín[1] y predicar allí. Aproveché la oportunidad porque me acordé de Natitingou, el pueblo al que mi iglesia había enviado el *jeep* rojo. El camino de tierra atravesaba decenas de aldeas polvorientas a medida que nos acercábamos a Natitingou. Olvidé el suplicio de mi afligido cuerpo torturado por las carreteras salpicadas de baches cuando divisé un *jeep* rojo al llegar a nuestro destino. Era el que les había regalado nuestra iglesia. Después de saludar al misionero y a su familia, le pregunté:

—¿Podríamos dar una vuelta en su *jeep*?

—Claro, Loren —respondió—. Subamos.

Como un niño, salté al asiento y reí de emoción. Saludé a los otros con el pulgar levantado cuando el

1 Conocido como Dahomey hasta 1975.

fatigado motor del *jeep* arrancó por fin. Se mecía y temblaba mientras rodaba por el camino de tierra. Después de tantos años de uso, ya estaba listo para el desguace en el «paraíso de los *jeep*».

Sonreí al bajarme del *jeep* y me sequé el sudor del rostro. La ronda calurosa y polvorienta había hecho vibrar de emoción a este antiguo canillita. Aquel momento se convirtió en un recuerdo imborrable al comprender que «donde esté tu tesoro, allí estará tu corazón».[2] Había priorizado una ofrenda por un *jeep* a mi propio deseo de tener un auto, y ahora mi corazón se deleitaba en un trayecto lleno de baches en aquel viejo vehículo.

El oráculo del bicho rojo

En el pueblo, comí y conversé con los lugareños de Natitingou. Me hablaron de un misionero llamado Bill que había conducido aquel *jeep* hasta otra aldea lejana. En aquella oportunidad, Bill detuvo el todoterreno a las afueras del lugar y preguntó si podía hablar con su jefe. Los niños, curiosos, se agruparon para mirar al hombre blanco. Unos cuantos jóvenes llevaron a Bill ante el jefe para que se presentara a su líder tribal según la costumbre local.

Después de ello, Bill dijo al jefe:

—Señor, quiero hablarles de Dios a usted y a su pueblo.

—Espere —le contestó el anciano dándose la vuelta.

Para sorpresa del misionero, el jefe de la aldea se alejó un poco y se agachó. Buscó entre los matorrales hasta encontrar un escarabajo de color rojo oscuro. El anciano jefe levantó el bicho y lo colocó sobre el capó del *jeep* rojo. El color coincidía.

2 Paráfrasis de Lucas 12:34.

El viejo y sabio jefe se acercó entonces al misionero y le dijo:

—Una vez oí una voz que me decía que un hombre vendría en un coche de este color y me contaría una cosa importante. Háblenos, pues, de su Dios.

Dios usó un sencillo acto de generosidad de una iglesia para traspasar divisiones geográficas y culturales. Usó mi obediencia infantil para ayudar a donar un *jeep* a las aldeas de África occidental. Entre todos los que donaron, yo tuve el privilegio de constatar el efecto dominó de la bendición de Dios a través de aquel vehículo. El regalo que nuestra iglesia del oeste de Los Ángeles sacrificadamente envió no tenía fronteras.

Cuando obedecemos a Dios al escuchar sus llamados universales de dar, orar e ir, no alcanzamos a imaginar cuán lejos viajará su bendición. Cuando Dios ve tu voluntad y tu obediencia, puede revelarte los sueños que tiene en su corazón para ti. Tu «sí» resonará sin límites.

Mientras abandonaba Benín por aquel camino largo y lleno de irregularidades, me pregunté si volvería a ver algún día a los habitantes de Natitingou. No era más que una aldea, pero Dios la utilizaría para bendecir a la nación.

5

UNA MISIÓN SIN FRONTERAS

Después de varios viajes alrededor del mundo, la visión que Dios me dio comenzó a desdoblarse. Mi esfuerzo se materializó en un movimiento misionero llamado Juventud con una Misión (muchos amigos lo llaman «JUCUM»). Esta nueva organización inició con equipos de jóvenes que servían durante periodos cortos. Lucas 10 relata una ocasión en la que Jesús envió a setenta y dos discípulos en una misión a corto plazo. Pablo y Bernabé también llevaron al joven Marcos en su viaje misionero. Dios nos dio el encargo de renovar este modelo neotestamentario de misiones a corto plazo incluyendo a los jóvenes.

Nuestra costumbre de escuchar a Dios y hacer lo que Él dice, unió y movilizó a creyentes de muchas denominaciones. Al abrir sus puertas a hombres y mujeres, jóvenes y ancianos, trabajadores, laicos y clérigos, JUCUM se multiplicó y diversificó rápidamente.

Durante los primeros años de Juventud con una Misión, hubo momentos en los que no supe lo que sobrevendría. En aquel tiempo me habría sido imposible comprender todo lo que Dios estaba planeando. Él sabía que había demasiados obstáculos y opciones para que alguien se enfrentara solo al mundo. De modo que me envió ayuda idónea y una compañera.

En 1963, me casé con mi bella esposa Darlene, y en seguida volamos a Europa de misión. Al cabo de poco, nos trasladamos a Suiza con Karen, nuestra hija de siete meses, y nuestro hijo David nació tiempo después ahí. Viajamos juntos con frecuencia, compartiendo las emociones y los desafíos de servir a Dios a medida que el ministerio se expandía. Llevamos equipos de jóvenes a corto plazo a todos los continentes, incluida la Antártida y muchas islas por todo el mundo. No mucho después, este movimiento de jóvenes misioneros se desbordó y abarcó diferentes edades y nacionalidades.[1]

No nos hubiéramos podido imaginar las formas en que Dios usaría nuestra joven misión para difundir el evangelio por todo el mundo. Por ejemplo, con el ministerio de *King's Kids* ('Niños del Rey') de JUCUM, padres e hijos han viajado a «países cerrados» y hablado del amor de Dios a los comunistas de Europa del Este y Asia. Dondequiera que han ido, Dios ha guiado a nuestros jóvenes a cruzar fronteras artificiales de edades, culturas y denominaciones religiosas. Este enfoque integrador y dinámico de la misión también se vio reflejado en otros aspectos de nuestro trabajo. Algunos de los «misioneros a corto plazo» que se fueron incorporando a JUCUM a través de la Escuela de discipulado y entrenamiento (EDE), han pasado a ser personal a

1 Para conocer cómo Dios inició JUCUM, véase: Loren Cunningham: *¿Eres tú, Señor?* (Editorial JUCUM,2024), p. 43-59.

largo plazo. Incluso, jubilados empezaron a entusiasmarse y unirse como misioneros de JUCUM. En 1998 contábamos con 12 500 obreros a tiempo completo, en su mayoría procedentes de países no occidentales.

Darlene y yo animamos a los jucumeros a escuchar a Dios y utilizar todas las herramientas disponibles para compartir el mensaje de Jesús. Pronto hubo no solo atletas que empezaron a formar parte de Juventud con una Misión, sino también vaqueros, cineastas, consejeros, bailarines, periodistas, profesores, músicos, empresarios, científicos, abogados y muchos otros que han propagado la verdad de Dios en los distintos ámbitos de la sociedad.

En 1978, conocí al Dr. Howard V. Malmstadt, famoso científico y educador. Se añadió a Darlene y a mí en Kona, donde fuimos pioneros de un campus de formación misionera, que incluía enseñanza preescolar y secundaria. Nuestro campus se convirtió en base de lanzamiento de la Universidad de las Naciones, la primera universidad verdaderamente global con educación modular. Desde entonces miles de estudiantes, representando a más de 100 países, se han venido formando en nuestros cursos.

Dios también ha usado a jucumeros para iniciar ministerios de ayuda y desarrollo como los barcos de socorro, Gleanings for the Hungry ('Espigas para el hambriento'), Mercy Works ('Obras de misericordia'), y campamentos de refugiados en Asia, el norte de África y Oriente Medio. Cada día surgen nuevas expresiones de nuestra triple misión: evangelizadora, formativa, y de ayuda y misericordia. Durante los últimos sesenta años, he visto al Señor hacer cosas asombrosas en JUCUM, pero su visión para nosotros se extenderá mucho más allá de mi vida. Aunque no puedo vislumbrar el futuro como Él, percibo una simplicidad en sus caminos que no ha cambiado en todos los años que he caminado a su lado. Él quiere mantener una relación íntima con nosotros, que le invoquemos a menudo y escuchemos su voz. Que le respondamos en fe y obediencia.

En este proceso, Dios empezó a enseñarme a cooperar con su creatividad. Paso a paso, fue profundizando nuestra relación, mientras yo le escuchaba atentamente y respondía con fe.

Divulgando su voz

Cuando Dios puso ante mis ojos aquella visión de «Id por todo el mundo...», con solo 13 años, me dio un pensamiento acerca de mi futuro. Me comunicó una parte de sus sueños para mí.

Puede que a nadie le ocurra exactamente lo mismo. Algunos oirán a Dios como Elías, con un «suave susurro» (1 Reyes 19:12). Otros oirán a Dios a través de sueños,[2] como José. Es fascinante ver la creatividad de Dios a la hora de comunicarse. He leído más de doce maneras en las que Dios habla en la Biblia. Si Él sabe que tú le escuchas con todo tu corazón, Dios usará formas personales, únicas, para revelarte sus pensamientos.

El Salmo 139:17-18a dice así: «¡Cuán preciosos me son, oh Dios, tus pensamientos! ¡Cuán grande es la suma de ellos! Si los enumero, se multiplican más que la arena».

Como los pensamientos de Dios superan en número a las partículas de arena, sin duda, Él tendrá sueños para ti. Él es el gran Creador, y cuando crea algo nuevo, a menudo comienza por generarnos expectativa y fortalecer nuestra emoción. Si prestamos atención, Dios nos compartirá sus ideas creativas.

---

2 Génesis 37.

El capítulo 1 de Génesis deja entrever al Padre, al Hijo y al Espíritu Santo hablando de una idea creadora. El versículo 26 declara: «Entonces dijo Dios: Hagamos al hombre a nuestra imagen, conforme a nuestra semejanza». La idea era demasiado emocionante para contenerla. Dios la manifestó de antemano. Se puede colegir la alegría de Dios al crear cosas nuevas porque se detiene a admirar su obra y a exclamar: «Es bueno».

Dios no dio por concluido su esfuerzo creativo en la tierra cuando terminó de crear el orbe. Él sigue creando en y a través de las vidas de las personas de todo el mundo. Crea nuevos corazones, nuevas oportunidades y, desde luego, nuevas criaturas en Cristo.[3] Las Escrituras también nos aseguran que Jesús está preparando un lugar para que vivamos en el cielo. Dios dice en el libro de Isaías: «No os acordéis de las cosas pasadas, ni traigáis a memoria las cosas antiguas. He aquí que yo hago cosa nueva; pronto saldrá a luz; ¿no la conoceréis? Otra vez abriré camino en el desierto, y ríos en la soledad» (Isaías 43:18-19).

La tierra fue hecha por el poder creador de Dios. Un universo tan complejamente diseñado solo puede proceder de un diseñador como Él. Si el apologista ateo Richard Dawkins estuviera en lo cierto, entonces el universo no tendría «diseño, propósito, mal ni bien, nada, salvo una indiferencia ciega y despiadada».[4]

Tienes más fe que yo si crees que todo y todos proceden en última instancia de la nada y de nadie. ¿Por qué seguir adelante? Si no hay nadie arriba ni nada que esperar en la eternidad, la vida carece de toda justificación. Es trágico perderse la realidad de nuestro amoroso Creador personal. La personalidad creadora

3 2 Corintios 5:17.
4 Richard Dawkins, *El río del Edén*. (Debate, 2000), p.147.

de Dios sustenta nuestra comprensión de la vida y el destino.

Una y otra vez, los profetas del Antiguo Testamento advierten que la idolatría hace que la gente se vuelva como sus ídolos tallados: ciega, sorda y sin sentido. Lo mismo sucede hoy. Tu perspectiva de la vida viene dictada por aquello a lo que sirves. Muchos sirven a los maestros del ego, la imagen, el egoísmo o la lujuria. sus vidas confusas y solitarias muestran cómo son esos dioses.

Pero el Dios verdadero está cerca.[5] Él está aquí, creando cosas nuevas.

Los pioneros de la fabricación

Como creyentes, procuramos vivir vidas piadosas por la gracia de Dios. Él es compasivo; nosotros también debemos serlo. Dios dice la verdad; nosotros también debemos decirla. Él perdona; nosotros también debemos perdonar.

Sabemos que Dios es el Creador supremo, pero rara vez reconocemos que Él quiere que seamos creativos, que comencemos cosas nuevas por su gracia. Aunque Dios podría lograr todos sus objetivos sin la ayuda del hombre, elige involucrarnos en sus esfuerzos creativos. El Señor invitó a Adán a poner nombre a los animales. Llamó a Abraham a convertirse en padre de una gran nación. Convocó a doce galileos para fundar la Iglesia universal. A Dios le encanta compartir el proceso de planificación creativa porque nos ama. Él quiere pasar tiempo con nosotros haciendo cosas significativas. Jesús nos dice: «Ya no os llamaré siervos, porque el siervo no sabe lo que hace su señor; pero os he llamado

5 Filipenses 4:5b.

amigos, porque todas las cosas que oí de mi Padre, os las he dado a conocer» (Juan 15:15).

Dios escuchó la plegaria de Josué pidiendo que el sol se detuviera mientras Israel derrotaba a sus enemigos.[6] ¡Esa oración ni siquiera se ajustaba a la física! Josué no tenía manera de saber que el sol no se mueve alrededor del globo. Pero nuestro Dios misericordioso respondió a su oración incorrecta. Entre todas las maneras en que Dios podría haber obrado para salvar a su pueblo, escogió escuchar esa oración incorrecta. En aquel largo día, Dios demostró su poder y humildad. Él desea obrar a través de nosotros, aunque no sepamos cómo pedir.

«Porque los ojos de Jehová contemplan toda la tierra, para mostrar su poder a favor de los que tienen corazón perfecto para con él» (2 Crónicas 16:9). Dios busca personas como Josué, David, Nehemías y Rut. Busca corazones comprometidos para actuar en ellos y a través de ellos.

El evangelio no ha fallado. Los graves problemas del mundo no se deben a la falta de capacidad o al carácter de Dios. Él quiere y puede curar las heridas de toda nación. Lo único que falta es nuestra voluntad. Él está dispuesto a hacerlo a través de ti. ¿Tú estás dispuesto?

6 Josué 10:12-13.

6

CINCO PASOS PARA VIVIR LOS PROPÓSITOS DE DIOS

El crecimiento de Juventud con una Misión en las últimas décadas no se debe a una hábil estrategia misionera. Nuestra expansión se produjo cuando aplicamos los principios que Dios nos enseñó.

Parece casi increíble cómo Dios ha utilizado a nuestro grupo de desarrapados para comprar castillos al servicio de campus misioneros, desplegar una flota de barcos-hospital, movilizar anualmente a un cuarto de millón de misioneros por periodos cortos, y proveer educación, asistencia sanitaria, comida y amistad en algunos de los lugares más oscuros y peligrosos de la tierra. Pero es real. La misión ha seguido multiplicándose.

Durante estas décadas de gran crecimiento, noté cinco pasos a los que Dios nos guiaba cada vez que quería hacer algo nuevo. Estos cinco pasos también son válidos para ti, que tratas de aplicar los principios y propósitos de Dios. Son sencillos, pero profundos. Implican escuchar a Dios, hacer sus oraciones, hablar su Palabra, sentir sus emociones y hacer sus obras. A medida que crezcas en este caminar con Dios, Él te dará entendimiento y poder creativo para cumplir su voluntad en tu vida.

PASO UNO: ESCUCHAR A DIOS

El primer paso para vivir los propósitos de Dios es escucharle a Él. En mi primer libro, *¿Eres tú, Señor?*, explico que escuchar a Dios es una chispa que enciende tu vida. Todos nuestros ministerios globales en JUCUM comenzaron después de escuchar a Dios.[1] Por supuesto, algunos creyentes piensan que Dios ya no habla o que los humanos no podemos oír su voz. Pero toda la Biblia lo refuta. Incluso el joven Samuel, a la edad de cinco años, tuvo la experiencia de escuchar la voz de Dios. Todas las personas prominentes y piadosas que aparecen en la Biblia escucharon a Dios: Noé, Abraham, Moisés, David, Juan, Pablo.... Una lista completa ocuparía páginas.

¿Cómo puede un Dios infinitamente sabio hablar a personas finitas? El conocimiento de Dios es grande, el Salmo 139 asegura que está más allá de nuestra comprensión. Aunque memorizáramos toda la Biblia, sería solo una pequeña fracción del conocimiento infinito de Dios.

No podemos digerir todo su conocimiento. De modo que el Espíritu Santo toma parte del vasto conocimiento de Dios y lo comunica a nuestro corazón mediante lo que los eruditos llaman su palabra *rhema*. Jesús dijo a sus seguidores: «Aún tengo muchas cosas que deciros,

1 1 Samuel 3.

pero ahora no las podéis sobrellevar. Pero cuando venga el Espíritu de verdad, él os guiará a toda la verdad; porque no hablará por su propia cuenta, sino que hablará todo lo que oyere, y os hará saber las cosas que habrán de venir» (Juan 16:12-13). Las palabras *rhema* no sustituyen ni añaden nada a la Biblia, que es el *logos* (palabra escrita) de Dios. Pero sirven como instrucciones para aplicar la verdad bíblica. Por ejemplo, nadie tiene necesidad de preguntar a Dios: «¿Debo hablar a alguien de Jesús?», pues esta pregunta ya fue resuelta en las Escrituras.

Sin embargo, sería bueno preguntarle: «Señor, ¿debo hablar *ahora* a este compañero de trabajo acerca de Jesús?». Oír la respuesta de Dios a una pregunta concreta como esta podría ayudar a aplicar la verdad bíblica.

Jesús dijo: «Si me amáis, guardad mis mandamientos. Y yo rogaré al Padre, y os dará otro Consolador, para que esté con vosotros para siempre: el Espíritu de verdad, al cual el mundo no puede recibir, porque no le ve, ni le conoce; pero vosotros le conocéis, porque mora con vosotros, y estará en vosotros» (Juan 14:15-17).

Para reconocer el consejo de Dios, hay que esperar y escuchar pacientemente. De niño, junto a la baranda del altar, me comprometí a escuchar a Dios. No era consciente de los pasos que tenía que dar. Me limité a esperar con atención.

Preparar el corazón para escuchar

Aprendí de maestros como Joy Dawson,[2] Duncan Campbell y mi madre, Jewell Cunningham, la importancia de escuchar a Dios en oración a través de la Biblia. Otro paso de la preparación es centrarse en Él por medio de

2 Joy Dawson, *Intercesión: Emoción y plenitud* (Editorial JUCUM, 2009), para más información

la alabanza y la adoración. Así empecé aquella noche en la iglesia. Estuve cantando la verdad de quién es Dios y lo que Él significa para mí. La adoración sincera nos ayuda a centrar nuestra atención en Dios. Y podemos de inmediato empezar a escuchar su voz.

A veces, cuando escuchamos, Dios nos revela cosas que no debería haber en nuestro corazón: falta de perdón, actitudes equivocadas o cualquier otro tipo de pecado. Cuando nos arrepentimos de todo pecado —o, si es oportuno, hacemos restitución—, abrimos nuestro corazón para escuchar a Dios. Es en ese momento que debemos pedirle que quite toda distracción, ya sea de pensamiento o alguna que haya sido insinuada por el «enemigo», Satanás.[3]

Luego esperamos en silencio, permanecemos expectantes porque Dios quiere hablarnos. Mientras oramos, es necesario comprometernos a obedecer lo que Él nos diga. Si prometes a Dios seguir lo que Él te diga, Él buscará la manera de hablarte. A medida que tu relación con Él se estreche, podrás reconocer mejor su voz. No se trata solo de una experiencia, sino de una profunda confianza y deseo de conocerle.

Una vez, cuando mi hija Karen era todavía una niña, perdimos las llaves del coche y mi esposa dijo:

—Karen, tienes que ayudarme a encontrar las llaves. Vamos a orar.

Oraron y esperaron escuchar la voz de Dios hasta que Karen levantó la vista.

—¡Mami, están debajo del periódico! —dijo ella.

Dar (Darlene) se acercó, levantó el periódico y allí estaban las llaves.

Esbozando una sonrisa, Karen dijo:

---

3 Santiago 4:7.

—Menos mal que me tienes a mí, ¿no?

¿Ves? Incluso los niños pequeños pueden enseñar a los mayores una o dos cosas con su inocencia y sencilla confianza. A Dios no le cuesta hablar. Somos nosotros los que tenemos problemas en escuchar. Cuando tu corazón está preparado, sus palabras llegan en el momento exacto.

Dios cuida de las cosas cotidianas, como encontrar las llaves del coche cuando tenemos prisa. Es una gran alegría escuchar a Dios en tales situaciones. Sin embargo, hay momentos en los que el simple hecho de escuchar a Dios puede ser cuestión de vida o muerte.

Un secreto suicida

Hace unos años, estando en Tauranga (Nueva Zelanda), me invitaron a un almuerzo en el que iba a hablar la Dra. Narelle Dawson, psicóloga de Hamilton. Me sentaron en una mesa, al frente de la sala.

La Dra. Dawson llegó un poco tarde. Ni siquiera se sentó, pero nos saludó y empezó a contarnos una historia sobre un vuelo que tomó a fines de los años ochenta. El viaje, relacionado con su trabajo, le supuso recorrer una larga distancia de Nueva Zelanda a Los Ángeles y de allí a Dallas. Con una sonrisa amistosa, nos narró lo siguiente:

—Un estadounidense se sentó a mi lado en el asiento del pasillo. Me preguntó cómo me llamaba y de dónde era. Yo le respondí amablemente, pero pensé: «Seguro que es uno de esos cristianos, ¿por qué he tenido que acabar al lado de una persona como ésta?». Yo había sido atea toda mi vida adulta. En mi oficina de Nueva Zelanda solo contrataba a ateos. No creía en Dios y no me gustaba estar cerca de gente que creyera. Pensé: «Si pudiera llevar a este hombre a unas sesiones de terapia, creo que podría curar sus delirios». Entonces el hombre se volvió hacia mí y me dijo algo que me sacudió profundamente: «Creo que usted tiene un problema con el suicidio».

La doctora Dawson bajó la mirada. Era imposible que ese hombre lo supiera. Luego continuó el relato:

—Nunca se lo había dicho a nadie, pero había intentado suicidarme cinco veces. Demasiado conmocionada para reaccionar, permanecí sentada mientras el hombre arrancaba un trozo de papel y escribía dos listas con referencias bíblicas. Me explicó: «Estos son los pasos que conducen al suicidio. Esta otra lista muestra cómo liberarse de sus causas». Cuando nos disponíamos a aterrizar en Dallas, él me regaló un libro y yo lo guardé. No lo leí hasta que regresé a mi oficina en Nueva Zelanda. Delante de mis operarios, leí todo el libro hasta el final.

Volviendo a sonreír prosiguió:

—Cuando terminé de leer el libro, me arrodillé y acepté a Jesús. Desde entonces, empiezo cada día con Él. ¿Saben una cosa...? Me he mudado cuatro veces en los quince años transcurridos desde que tuve aquella experiencia. Y siempre llevo este papel conmigo. —Desdobló el papel y lo elevó.

Cuando la Dra. Dawson levantó el papel, lo reconocí. ¡Era mi letra! Entonces sacó el libro y confesó:

—Este es el libro que me regaló aquel estadounidense.

Era un viejo ejemplar de *¿Eres tú, Señor?* La Dra. Dawson lo abrió y nos mostró dónde lo había firmado.

—¡Vaya! ¡Lo había olvidado! —exclamé ante la doctora Dawson. Asombrado, me quedé mirando el libro y el papel arrugado que sostenía.

Una amiga suya de JUCUM que conocía su testimonio había organizado aquella charla para sorprenderme. ¡Qué maravilla: el oír la voz de Dios en un vuelo de avión —que había olvidado hacía mucho tiempo— le había salvado la vida y el alma!

Dios nos invita a unirnos a Él, ya sea para salvar vidas y almas o para encontrar las llaves del coche. Él dice: «Clama a mí, y yo te responderé, y te enseñaré cosas grandes y ocultas que tú no conoces» (Jeremías 33:3). Empieza por entender sus pensamientos y luego ora con fe para verlos cumplirse. Él nos pide que le preguntemos: «Dios, ¿qué piensas acerca de esto?». Escuchar a Dios desemboca de manera natural en la siguiente parte de vivir los propósitos de Dios: la oración.

PASO DOS: HACER LAS ORACIONES DE DIOS

Las semillas se agotan. Muchos de los que empiezan a buscar los deseos de Dios se apagan de inmediato. Esto ocurre si uno da el primer paso para escuchar, pero no da cabida a la oración, el paso siguiente. Los propósitos de Dios pueden confundirse, posponerse o incluso destruirse sin la oración.

La oración es una conversación continua con Dios. Consiste en hacer preguntas, exponer necesidades, expresar preocupaciones y esperar la respuesta del Señor. Lamentablemente, son muchos los que nunca experimentan este tipo de relación. Piensan que la oración es un deseo sentimental, expresado a un Papá Noel celestial, pero no es así en lo absoluto. Por mucho que deseemos que algo sea verdad, que pensemos o digamos cosas positivas, o que nos comprometamos a hacer buenas obras, nada tendrá el efecto de una oración sincera y humilde.

No podemos manipular a Dios, y si lo intentamos rebajamos nuestra relación con Él. Si le pedimos cosas con una motivación egoísta, obstaculizamos la íntima relación que Dios desea tener con nosotros. O, si se las pedimos sin creer, le tratamos como si no fuera nuestro verdadero Padre celestial. Dios no es un padre perezoso que te haya abandonado. No es un bisabuelo celestial, ciego y sordo a tus plegarias. Dios no está divorciado de tu vida, ni trata de sobornarte con afecto y regalos. Es mejor padre de lo que nos podemos imaginar.

En lugar de acercarte a Él en oración con intenciones equivocadas, date cuenta de que la oración es un acto de participación. Dios es todopoderoso, pero responde a nuestras peticiones. Él delega autoridad en las personas que creó.

Dios expuso una idea. Dijo: «Hagamos al hombre a nuestra imagen, conforme a nuestra semejanza; y señoree en los peces del mar, en las aves de los cielos, en las bestias, en toda la tierra, y en todo animal que se arrastra sobre la tierra» (Génesis 1:26). Y Dios los creó. Hizo al hombre y a la mujer y les dijo: «Fructificad y multiplicaos; llenad la tierra, y sojuzgadla, y señoread en los peces del mar, en las aves de los cielos, y en todas las bestias que se mueven sobre la tierra» (Génesis 1:28).

Cuando Dios otorgó a Adán y Eva dominio sobre la tierra, les hizo responsables de lo que aquí ocurriera. Dios siempre estará en el trono. Toda autoridad que tengamos ha sido delegada por Él. Por tanto, debemos poner cuidado en cómo ejercemos ese dominio.

Confió un mundo perfecto a la humanidad. Pero desde el principio, la gente dilapidó su señorío sobre la tierra. Peor aún, con sus acciones y actitudes la gente rechazó a Dios y entregó su autoridad al enemigo. Desde el jardín del Edén hasta el presente, la gente ha permitido que dominen las tinieblas.

Dios cortó los hilos de las marionetas. Nos otorgó perfecta libertad para conocer su amor y orar: ¡hágase tu voluntad! Orar es ejercer autoridad espiritual. Es usar el señorío por la razón exacta que Dios nos lo concedió. Jesús nos enseñó a orar: «Venga a nosotros tu reino, hágase tu voluntad» (Mateo 6:10). A través de la oración, ejercemos autoridad en la tierra para invitar a Dios a hacer lo que Él desea. Uno le escucha y conoce su voluntad, luego ora con fe para que se cumpla. Tú puedes participar clamando y creyendo en sus palabras. Tus oraciones cambian las consecuencias cuando pides que se cumpla la voluntad de Dios «así en la tierra como en el cielo».

«¿Qué es el hombre para que tengas de él memoria?» (Salmo 8:4a), pregunta el salmista. Es una buena pregunta. ¿No puede Dios actuar sin nosotros? Claro que sí. Él es soberano. Es un Rey que puede hacer lo que le plazca. Pero a lo largo de la Biblia, vemos que Dios responde las oraciones de Abraham, Moisés, Salomón, Samuel, Daniel, Ezequías, Nehemías, Ana, los discípulos, Pablo y otros. No tomes a la ligera la autoridad de Dios en la oración. Orar significa participar en los actos divinos. No hay otra experiencia igual.

Dios es un Padre extraordinario. Permite que los hijos e hijas que ha adoptado colaboren con sus obras. Después de escuchar a Dios y conocer los propósitos divinos, ejerce el señorío que Él te ha concedido como hijo (o hija) suyo. Ejerce tu autoridad y ora para que se cumpla su voluntad aquí y ahora. Cuanto más ores en la voluntad de Dios, más se realizará el Reino de Dios «así en la tierra como en el cielo».

Vi cómo esto sucedía de la noche a la mañana en la vida de un joven filósofo comunista de Pekín. Mi breve encuentro con él me reveló la vital importancia de la oración para cumplir los propósitos de Dios.

La oración del filósofo de Pekín

El tráfico peatonal estaba casi paralizado a las cinco de la tarde. Miles de personas se agolpaban en una acera de Pekín. Los líderes de JUCUM, Peter y Luba Iliyn, caminaban junto a Darlene, David y yo. Karen estaba enseñando en Hong Kong. Nos abrimos paso como pudimos entre la multitud hasta que un joven amistoso se presentó delante de nosotros. Nos dijo que era filósofo y que quería practicar el inglés.

—Habla con nuestro amigo Loren. Es licenciado en filosofía por la USC —le dijo Peter.

El amable chino, vestido de traje gris y corbata, se nos acercó. Peter me dijo:

—Loren, me gustaría presentarte a Sikong. Es un filósofo de la Universidad de Pekín.

Le estreché la mano y le dije:

—Encantado de conocerte, Sikong. ¿Qué rama de la filosofía estás estudiando?

—Soy materialista dialéctico —respondió Sikong con un deje de acento británico.

«Tiene sentido. Es la filosofía marxista que adoptó China», pensé.

—Es interesante —le dije—. La he estudiado. Pero, por favor, háblame más de ella. —Y le pregunté—: ¿Qué valor da a tu persona esa filosofía?

Discutimos su filosofía desde varios ángulos mientras el sol caía sobre el horizonte. La multitud seguía desfilando como una marea de rostros. El joven me cayó bien. Sus razonamientos eran sinceros. No recurría a eslóganes como fachada para ocultar un ego intelectual.

Peter y Luba esperaban. Parecían orar en silencio por Sikong.

En cierto momento le dije:

—Todos sentimos que tenemos algún valor. Permíteme exponerte mi perspectiva filosófica: Hay un Dios personal e infinito, y estamos hechos a su imagen. Él nos valora e incluso nos ama. Sin valor no podemos ofrecer un amor significativo.

Durante seis horas, debatió conmigo sobre este tema. De pronto le pregunté:

—Pero ¿cómo resolver la cuestión de la culpa?

El apuesto erudito chino asintió:

—Ese es el verdadero problema. No hay nadie que nos perdone.

Yo sabía que se había abierto una puerta, así que se lo expliqué:

—Tomamos decisiones equivocadas y luego nos sentimos culpables..., pero Dios puede perdonarnos. Él puede perdonarte.

A las nueve de la noche, Sikong ya creía en Dios. A eso de las once oró y se convirtió en seguidor de Jesús. Lloró mientras orábamos juntos al aire fresco de la noche. El amor y el perdón de Dios inundaron su corazón. El filósofo se convirtió en un creyente nacido de nuevo.

Entonces le dije:

—Me gustaría regalarte una Biblia porque es la palabra de Dios. ¿Puedo enviarte una?

—¡Oh, no! —Sikong se estremeció—. Comparto mi dirección con mi jefe. Podría ir a la cárcel si él supiera que me la enviaste—. Además, me voy de Pekín el lunes.

—¿En serio?, ¿adónde vas?

—Mi jefe no me lo ha dicho. Me lo dirá el lunes antes de que me vaya. Solo me dijo que iré a una gran ciudad en el sur.

«¿Cómo será discipulado?», me preocupé por un breve momento, pero supe lo que debía de hacer a continuación.

—No hay problema —le dije—. Tenemos un Dios vivo. El Espíritu Santo de Dios te guiará al lugar y a las personas adecuadas para ayudarte a crecer en tu fe. Vamos a orar.

Peter, Luba y yo oramos con Sikong. Luego le dije:

—Continuaremos orando. Sigue tú orando también. En la ciudad a donde vas, encontrarás un grupo, quizás un pequeño grupo de personas, que hayan conocido a Jesús como tú. Le amarán y se amarán unos a otros. Se ayudarán unos a otros, así como a otras personas necesitadas. Este grupo también adorará y orará unido. Si pueden, estudiarán la Biblia juntamente. Así sabrás que son verdaderos creyentes como tú.

Luego nos despedimos de Sikong y, por la mañana, partimos en el ferrocarril transiberiano hacia Mongolia.

Menos de un año después de conocer a Sikong en Pekín, regresé a Asia. En Hong Kong, me reuní con líderes de JUCUM que laboraban en China. Uno de ellos se me acercó y me dijo:

—¡Sikong te envía saludos! Le dije que iba a encontrarme contigo.

—¿De qué le conoces? —pregunté, sorprendido al oír su nombre.

—Encontró nuestro grupo de oración de JUCUM —me explicó el hombre. Yo sonreí y di una palmadita en la espalda a mi compañero de trabajo.

¡Vaya! En una ciudad china habitada por millones de personas, Dios había guiado a Sikong a encontrarse con un grupo de jucumeros. Ni siquiera le habíamos hablado de JUCUM. Solo le dijimos que buscara gente que amara a Jesús. Dios contestó nuestras oraciones a pesar de su jefe comunista y de innumerables obstáculos que desconocíamos.

Es maravilloso constatar cómo Dios guió a Sikong. Oraciones eficaces alineadas con su designio hicieron realidad lo que parecía imposible.

A medida que uno comienza a descubrir sus propósitos, debe continuar orando al andar en ellos. Luego de la oración, hay que pasar a la tercera parte del vivir los propósitos de Dios: hablar sus palabras. Pero antes de hablar, hay una barrera interna que superar.

Hay que evitar el error fatal

Algunas personas escuchan, oran un poco y acto seguido abandonan. «¡Oh, he tenido una visión! ¿No es maravilloso?», y piensan: «Seguro que ahora se cumplirá», pero recibir sueños de Dios y no actuar en consecuencia es un error.

Puede que el Señor te esté llamando a una iniciativa de oración, pero no has de limitarte a elevar una plegaria simbólica ni evitar el trabajo para el que Dios te ha llamado. Desde que Dios le pidió a Adán que pusiera nombre a los animales, Él ha tratado de involucrar a la gente en su obra. Él no nos aparta ni nos dice: «déjamelo a mí».

La idea fatalista de que la obra de Dios es problema suyo es un concepto que procede de las falsas religiones. No tiene nada que ver con las palabras y enseñanzas de Jesús. El fatalismo, o creencia en el destino absoluto, es pensar o vivir de una manera que expresa: «Dios es reponsable de todo».

Suena piadoso esperar el destino, pero esta mentalidad acarrea conclusiones lógicas inquietantes. Si Dios es el único responsable de todo lo que sucede, Él es la fuente de toda enfermedad, sufrimiento y violencia. Cuando un verdadero fatalista mira en derredor y ve el mundo caído, piensa que Dios tiene la culpa. Pero Dios no es responsable de los efectos terribles de nuestro pecado.

Jesús dijo: «Todo árbol que no da buen fruto, es cortado y echado en el fuego. Así que, por sus frutos los conoceréis» (Mateo 7:19-20). Las falsas religiones no son las únicas que incuban fatalismo. Los fatalistas que pretenden ser cristianos tampoco obtendrán buenos frutos. No se reconoce a los fatalistas por sus acciones, sino por su inacción. Renuncian a evangelizar el mundo, esperan cómodamente el regreso de Jesús para sacarlos de todos los problemas.

Por supuesto, Jesús va a volver. No obstante, si tuviéramos que aceptar el mundo «tal como es», entonces Él no habría dicho «Rogad al Señor de la mies que envíe obreros a su mies» (Lucas 10:2b). No habría necesidad de «Id, pues, y predicad las buenas nuevas».[4] Las buenas obras: caridad, educación, sanidad o socorro no tendrían sentido o serían erróneas.

No. Jesús nos amó más que a la vida misma. Se entregó a sí mismo para darnos vida. A su vez, Él ordena a los creyentes que vayan y den vida a toda la creación. Por eso, debemos rechazar el fatalismo. En vez de abrazar la comodidad, vamos hasta lo último, como Jesús, que impuso las manos para orar por los leprosos y expulsó a los cambistas que profanaban el templo.

El amor de Dios le impulsó a actuar, y sigue haciéndolo. Su pasión debería movernos también a nosotros a emprender acciones. El hecho de que Él regresará debería redoblar nuestro esfuerzo. Él quiere que oremos para que se cumpla su propósito. La oración llena

4 Marcos 16:15.

de fe nos motivará a la acción, no a la apatía. Esto es lo que significa vivir los sueños de Dios. Obtenemos el designio de Dios y luego oramos y perseveramos hasta que se hace realidad.

En cierto sentido, la fe es como un músculo que activa pensamientos invisibles, los sueños de Dios. Él nos ofrece algo y nos dice: «Quiero que tengas esto». Y nosotros respondemos diciendo: «Gracias, Señor. Por favor, dámelo».

El canje puede parecer extraño. ¿Por qué no darlo sin más? Pero nosotros hacemos lo mismo: enseñamos a los niños a pedir educadamente lo que necesitan. Eso les ayuda a forjar su carácter. La Biblia lo llama fe: «Es, pues, la fe la certeza de lo que se espera, la convicción de lo que no se ve» (Hebreos 11:1). Dios nos está enseñando fe y fidelidad. Sabe que las vamos a necesitar para lo que se avecina. La confianza y la obediencia constantes invitan a Dios a revelar sus grandes designios. Sin obediencia voluntaria, enfrentaríamos una catástrofe.

Las oraciones genéricas y aburridas se superan escuchando a Dios y elevando sus oraciones con fe. No es necesario orar: «Señor, por favor, ayuda a todos los pobres del mundo».

¿Quién sabe si Dios escucha o responde oraciones como esas? Son tan vagas que nadie notaría el resultado, aunque se produjera. Cuando oramos por una comunidad o grupo de personas concreto, conectamos con el corazón de Dios. Él escucha y responde a las oraciones pronunciadas con fe.

Algunos oran diciendo: «si es tu voluntad...», antes de pedir algo a Dios, pero si le escuchamos para conocer su voluntad, podemos orar detalladamente. Podemos disfrutar la emoción de recibir respuestas a oraciones específicas.

A menudo, no nos atrevemos a hacer oraciones poderosas que cambian el mundo por temor a la vergüenza o a la decepción. No queremos pedir algo equivocado y desilusionarnos. Pero podemos evitar tal desaliento escuchando y orando específicamente conforme a su voluntad. Esto cambiará tu vida. Te sorprenderás orando por cosas que nunca imaginaste.

Dios nunca te someterá a expectativas poco realistas. Él sabe exactamente quién eres y quién puedes llegar a ser. «Porque yo sé los pensamientos que tengo acerca de vosotros, dice Jehová, pensamientos de paz, y no de mal, para daros el fin que esperáis» (Jeremías 29:11).

Si Israel, pueblo juzgado y conquistado, pudo recibir esta promesa, ¿no puedes aceptarla tú? El Padre te está mostrando sus sueños, ofreciéndote su esperanza y su futuro. Pero debes ejercitar tu fe en súplica y oración. Dios dice a Israel: «Entonces me invocaréis, y vendréis y oraréis a mí, y yo os oiré; y me buscaréis y me hallaréis, porque me buscaréis de todo vuestro corazón» (Jeremías 29:12-13). Si entiendes y participas plenamente en los propósitos de Dios, estarás cumpliendo tu destino. Porque el destino no es solo un sueño nocturno. No es un espejismo en la distancia. El destino es un hombre llamado Jesús. Naciste con un propósito: conocer a Jesús y vivir como Él. Este es el sueño, vocación o destino más grande al que puedes aspirar. Cualquier otro deseo piadoso que tengas o puedas tener te guiará hacia Él, pues es «el Camino».[5]

Es emocionante saber que estás participando en la obra de Dios y acercándote a Él. A veces resulta difícil contener la emoción. Pronto estarás listo para hablar lo que Dios te muestre. Después de orar y escucharle, el siguiente paso es hablar de los propósitos de Dios.

5 Juan 14. 6.

PASO TRES: HABLAR LAS PALABRAS DE DIOS

Después de escuchar los pensamientos de Dios y hacer sus oraciones, en el momento adecuado, lo has de manifestar. Al expresar lo que has oído de Dios, das el tercer paso para crear algo con Él y con otros. Este movimiento transformador de vida podría no ocurrir si no lo declaras.

Al hablar, pueden surgir problemas e incluso persecuciones que superar. Enunciar sus palabras expone a suposiciones, temores, malentendidos y opositores a las intenciones divinas. Es fundamental compartir las palabras de Dios en el momento adecuado con las personas adecuadas.

En 1974, recibí la noticia de que Richard Ostling, columnista de la revista *Time*, quería escribir un reportaje sobre Juventud con una Misión como continuación de su notable artículo sobre la «Revolución de Jesús», publicado en 1969. Les respondimos suplicándoles que no dieran informes sobre JUCUM. «Destruiría lo que Dios está tratando de hacer a través de nosotros. Procuramos autenticidad, no publicidad».

El momento y el público no eran adecuados.

Cuando hay mucho en juego, puede ser de ayuda hablar con algún creyente maduro en quien uno confía. A veces, ellos pueden afirmar una «idea de Dios» o ayudarte a evitar ideas imprudentes sobre algo que crees que Dios quiere. La confianza de la gente en tu carácter y capacidades suele aumentar a medida que creces en fe y obediencia. Jesús crecía «en sabiduría y en estatura, y en gracia para con Dios y los hombres» (Lucas 2:52).

Cuando interpretes lo que Él ha puesto en tu corazón, ten cuidado de dejar bien claro cuáles son tus palabras y lo que crees que Él en realidad te está diciendo.

Expresa lo que está en tu corazón, pero sé claro. No manipules manifestando tus opiniones como si fueran de Dios.

Compartir estas ideas dadas por Dios con otras personas, pone en marcha su designio. Pero también puede producir un buen efecto secundario. Expresar los propósitos de Dios dará a los oyentes la oportunidad de conocerle mejor y de hacerse también amigos tuyos.

Una parte crucial de la obra de Jesús en la tierra consistió en pronunciar las palabras de Dios. Cuando Jesús sanaba o hacía milagros, decía cosas como: «tu fe te ha hecho salva» (Mateo 5:34) o «¡levántate, toma tu lecho y anda!» (Lucas 5:8). Me imagino que Jesús podría haber agitado una varita, como un mago, o su mano, como un Jedi, para hacer cualquier milagro. En lugar de eso, pronunció palabras con autoridad para dar libertad y sanidad. Al pronunciar las palabras de Dios en voz alta, Jesús atrajo multitudes a la voz en que podían confiar.

Hay muchas otras formas de curar, predicar o enseñar, pero si prestas atención a la vida de Jesús, verás que constantemente nos enseña cómo debemos vivir. Como profetizó Isaías de Jesús hace siglos: «Y llamará su nombre Emmanuel» (Isaías 7:14), que significa 'Dios con nosotros'. Él vivió cada instante de su vida como «Dios con nosotros».

Al tratar de modelar nuestros actos conforme a los suyos, es fácil apreciar que Jesús no respondió a todas las personas de la misma manera. A algunas personas que sanó, les dijo que no se lo contaran a nadie. A otro, le dijo: «Vete a tu casa, a los tuyos, y cuéntales cuán grandes cosas el Señor ha hecho contigo, y cómo ha tenido misericordia de ti» (Marcos 5:19).

Necesitamos un amor que descarta las frases preelaboradas y una comunicación de talla única para dirigirnos a todos. Nuestro escéptico mundo detecta fácilmente los mensajes falsos y a los mensajeros postizos. Una palabrería ingeniosa no puede transmitir algo tan profundo como el mensaje de Dios. Hablar palabras de verdad y de vida requiere algo más que memorizar la Escritura. Para transmitir el mensaje de Dios, hay que saber qué decir y cómo decirlo. Los pasos previos, el escuchar y orar, son esenciales para hablar las palabras de Dios.

Hablando en la mezquita

En 1988, caminaba por una tranquila calle adoquinada y escondida de la capital de un país de Asia Central. Los amigos con los que caminaba aminoraron la marcha y franquearon una puerta para entrar en una casa grande. Murales de paisajes delicadamente pintados adornaban las paredes y el techo.

En esa casa vivía un imán, líder influyente sobre muchas mezquitas. Su mujer y sus hijos sonrieron al acercarme al imán y estrecharle la mano. Nos recibieron a Darlene, David y a mí, un misionero cristiano, en su casa como invitados especiales.

Según su costumbre, nos ofrecieron sombreros y túnicas bordadas a David y a mí. Luego nos sentamos a celebrar un hermoso banquete. La familia reía y charlaba. Era fácil ver el amor que sentían los unos por los otros. Disfrutamos comiendo y conversando durante buena parte de la tarde.

Entonces el imán me preguntó:

—¿Quiere acompañarme a mi mezquita?

—Sí —le respondí.

De modo que los hombres fuimos juntos a la mezquita que se estaba construyendo. Me fijé en la torre del minarete, con forma de casi una corona de reina. El grupito pasó bajo un arco curvo y entramos en la mezquita.

Una vez dentro, el imán me presentó a algunos de sus líderes y me dijo:

—¿Puede decirles lo que cree de Jesús?

Sorprendido por la petición del imán, le di las gracias y empecé a disertar.

Todos conocían a Jesús como profeta. El Corán lo llama Issa. Así que, partiendo de esa base, empecé a explicarles por qué Dios envió a Jesús. Les conté que Jesús vino para redimirnos.

Mientras les hablaba, uno de los líderes empezó a enfadarse. No me sorprendió. Les estaba hablando de Jesús en su mezquita.

—¿Cree en tres dioses? —me gritó—. ¡Cómo! ¡Solo hay un Dios! —El hombre siguió haciéndome preguntas, y yo continué respondiéndolas, pero sabía que mis palabras solo rozaban la superficie de una cuestión más profunda.

«Señor, ¿qué debo hacer ahora?».

Mientras se sucedían las preguntas y respuestas, oí a Dios decirme algo inesperado en la mente.

«Pídele perdón por las cruzadas».

Nunca se me había ocurrido que las antiguas guerras que los cristianos libraron contra el islam les importaran a los musulmanes modernos.

—Quiero pedirles perdón —les dije.

—¿Qué ha hecho? —me preguntó el hombre.

—No es nada que yo haya hecho. Es algo que se hizo en nombre de Aquel a quien sirvo —respondí—. Algo que Jesús nunca hubiera querido: las cruzadas.

Luego me enteré de que la televisión nacional exhibía y reponía películas sobre los ataques de los cruzados a los musulmanes. La injusticia se revivía una y otra vez en los tiempos de ocio de la gente. No era de extrañar que su ira estuviera tan fresca.

—Solo Dios puede perdonar —dijo el hombre agitando una mano para descartar mi disculpa.

—Oh, no —negué lentamente con la cabeza—. Nosotros también debemos perdonar. Dios nos perdona y nos muestra cómo perdonar —seguí hablando del perdón durante uno o dos minutos.

Entonces, el hombre salió corriendo abruptamente del edificio. «¡Vaya!, ¿qué va a hacer ahora?».

En cuanto se fue, la atención de todos se dirigió hacia el imán. Asintió con la cabeza, animándome a no detenerme por causa de la distracción. Seguí enseñando y respondiendo a sus preguntas. Estando ausente el hombre enfadado, los otros podían hacer preguntas más personales.

Entonces, mientras yo aún estaba hablando, el hombre que había salido corriendo irrumpió en la mezquita. Tenía la respiración entrecortada por la carrera. Se quitó el calzado y se dirigió hacia mí. Venía con un gran racimo de uvas. Se detuvo ante mí y extendió los brazos para ofrecérmelas. Entonces comprendí. Era su forma de expresar su perdón a los cristianos por las cruzadas.

Extendí la mano, recibí el regalo, y le di las gracias. En mi fuero interno, di gracias a Dios por haberme dado sabiduría para hablar con aquel hombre.

Años después, volví a visitar al imán y descubrí que ya dirigía más de mil mezquitas. Me dijo que uno de sus propósitos en la vida era garantizar la paz entre cristianos y musulmanes. Más tarde, recibí la noticia de que había entregado su corazón a Jesús en su lecho mortuorio.

Al decir las palabras que Dios quería que hablase, estaba cumpliendo su propósito. No sé cuántas vidas se vieron afectadas por la enseñanza que impartí aquel día en la mezquita. El resultado está siempre en manos de Dios.

Jesús dijo: «...no os preocupéis por cómo o qué habréis de responder, o qué habréis de decir; porque el Espíritu Santo os enseñará en la misma hora lo que debáis decir» (Lucas 12: 11-12). Dios te dará palabras cuando le escuches y le obedezcas. Cuando empieces a vivir los propósitos de Dios, puede que te preguntes: «¿Sucederá esto alguna vez? ¿Son solo fingidas nuestras oraciones?». Estas dudas no tienen por qué detenernos cuando sabemos que Dios nos ha hablado. Podemos seguir adelante con oraciones y palabras de fe. Después de escucharle y orar, Dios te mostrará cuándo has de pronunciar sus palabras. Entonces, el mensaje cobrará vida. Podrás ser llamado a hablar con amigos en la iglesia, con un miembro de la familia, o incluso en el extranjero, como en esa mezquita.

Dios dice en Isaías: «Así será mi palabra que sale de mi boca; no volverá a mí vacía, sino que hará lo que yo quiero, y será prosperada en aquello para que la envié» (Isaías 55:11). Esto es precisamente lo que ocurre cuando permites que Dios guíe tus palabras; no vuelven vacías.

Para traer el Reino de Dios a la tierra hemos de escuchar, orar y pronunciar sus palabras. Una vez que las palabras resuenan, comienza una nueva fase: cumplir los propósitos de Dios; sentir sus emociones.

PASO CUATRO: SENTIR LAS EMOCIONES DE DIOS

¿Siente Dios verdaderamente emociones? Algunos sugieren que escrituras como «Jesús lloró» (Juan 11:35) o «le dolió en su corazón» (Genesis 6:6b) son solo un ejemplo de antropomorfismo, largo término teológico que significa que Dios solo hace o dice algo para representarlo ante nosotros. Es decir, que finge algo para probar una cosa.

Esos teólogos proponen que Dios no puede estar alegre, triste o enfadado. Según tales antropomorfismos, solo intenta, supuestamente, ayudarnos a entender las cosas. Lo cual implica que Dios no tiene sentimientos reales.

Yo creo que Dios no finge nada. Cuando el libro de Sofonías dice que «se regocijará sobre ti con cánticos» (Sofonías 3:17b), quiere decir precisamente eso. Cuando el Génesis dice que «le dolió en su corazón» (Génesis 6:6b) la maldad de los hombres, sé que es verdad. Dios tiene emociones genuinas.

Puesto que Dios siente pasión por nosotros, ¿qué hemos de sentir nosotros? Debemos dejarnos mover por su pasión. Dios aviva nuestro corazón cuando escuchamos sus palabras, hacemos sus oraciones y hablamos las palabras que nos da. Cuando vives los propósitos de Dios, Él te llena de su celo y de su pasión. No es posible ser indiferente e insensible cuando estamos cerca de Dios. Él no es así.

El sentimiento de dolor y odio se inflamó durante los años del *apartheid* (separación racial) en Sudáfrica. Por ese tiempo, Joy Dawson, el hermano Andrés y yo viajamos al país para disertar en una conferencia cristiana. El racismo y la opresión que allí vimos eran innegables, ya que las leyes del país favorecían injustamente a los sudafricanos blancos en tanto segregaban y deshumanizaban al resto de la población. «No queremos que se liberalice el *apartheid*. Queremos desmantelarlo», declaró el arzobispo anglicano Desmond Tutu. «No se puede mejorar algo intrínsecamente malo».

En la conferencia, los tres oramos y pronunciamos mensajes que Dios puso en nuestros corazones. La gente respondió de inmediato con oración y acción. Muchos líderes cristianos blancos se arrodillaron y se pusieron a lavar los pies de los pastores sudafricanos negros. Para algunos, fue un acto de arrepentimiento personal; para otros, fue un arrepentimiento colectivo por los pecados de los sudafricanos blancos.

Cuando se agacharon y descalzaron a los pastores negros, el llanto empezó a inundar la sala. En su humildad, tocaron el corazón de Dios. Se nos saltaron las lágrimas a mí y a los que estábamos allí. Todos sentimos la angustia y el dolor de Dios por el odio y la injusticia de la nación. Aquel día experimenté una notable carga de emoción divina que no he dejado de lado. Lloré abiertamente con la gente de una manera que rara vez he experimentado.

Si Dios dice: «Déjalo salir», entonces lo hago. Me permito expresar visiblemente alegría, tristeza y otras emociones que Él nos ha dado. Ese día en Sudáfrica experimenté una carga notable de emoción divina que no he abandonado hasta el día de hoy.

Mientras vivimos sus propósitos, Dios puede hablarnos a través de emociones de manera personal y profunda en privado. Otros no se darán cuenta de lo que está sucediendo, pero cuando dichas emociones son producidas por Él, es claro. Sin embargo, puede ser complicado expresar esas mismas emociones en público, es algo que a los de mi generación nos cuesta hacer. Aunque siento emociones profundas, rara vez hablo de ellas.

Expresar emociones dentro de la iglesia puede provocar preocupación y juicio en parte del cuerpo de Cristo. Algunas personas rechazan verdaderos milagros y los dones bíblicos del Espíritu Santo etiquetándolos como «puro emocionalismo». He sido testigo de personas que se emocionan por mero frenesí, sin ninguna respuesta aparente a la Palabra o al carácter de Dios. Gritar al Señor en lugar de escucharle no va conmigo. Él nos oye. Él sabe. ¿Verdad?

Como pastores, mis padres eran muy conscientes de esta dinámica. Respondían manteniendo las emociones extremas en casa, no en público. Trataban de predicar con pasión, no con emotividad. Pero es difícil discernir la diferencia. Los corazones, las mentes y las emociones no se distinguen claramente cuando la Palabra de Dios cobra vida. Yo trato de permitir que su Palabra sea viva y eficaz, que me muestre qué es qué.

Aunque no quiero crear escollos de división, no hay que reprimir la sana expresión pública de los sentimientos. Si nos ayuda a crecer o a sanar piadosamente, que así sea. Pablo dice: «Porque la tristeza que es según Dios produce arrepentimiento para salvación, de que no hay que arrepentirse; pero la tristeza del mundo produce muerte» (2 Corintios 7:10).

Así pues, ¿debemos ser estoicos e insensibles o entregarnos a un frenesí emocional? Ni lo uno ni lo otro. Sentir emociones personales es correcto cuando no nos llevan por mal camino y sentir las emociones de Dios es correcto, pero no hay que forzarlas. Sobre todo, no debemos manipularnos a nosotros mismos ni a los demás por medio de las emociones. Dejemos que Dios mismo nos hable a través de sus emociones, con palabras o sin ellas.

Las decisiones transformadoras que Él quiere no se basan en reacciones emocionales. Dios te ha dado una medida de autoridad en la tierra y capacidad para elegir o rechazar sus caminos.

Piensa en un camión de dieciocho ruedas que transporta una gran carga. El camión es como tu voluntad. Escoge la dirección que tomará tu vida. Las emociones deben ser como la carga que transporta. Dan vivacidad a la vida y no deben abandonarse. Pero la voluntad debe ir delante y los sentimientos detrás. De lo contrario, el camión volcará.

Seguir sin sentido a personas o emociones no hará realidad los designios de Dios. Cuando persigues los propósitos de Dios, sus emociones pueden derramarse en tu corazón. «Pueblos todos, batid las manos; aclamad a Dios con voz de júbilo» (Salmo 47:1) exclama el salmista. Como David, podemos alegrarnos en las obras de Dios. Como Jeremías, también podemos lamentarnos con Él.

La fe permite que tu corazón comprenda lo que Dios está haciendo. Entonces, la emoción comienza a desbordarse. Por tanto, no te sorprendas cuando eso suceda. Puede que no seas propenso a muestras de emoción, pero si el Espíritu de Dios se está moviendo, y Él te dice: «Déjala salir», hazlo. Es parte del flujo del propósito de Dios expresado a través de ti.

Para vivir los propósitos de Dios hay que escuchar y orar, pasos uno y dos. En el tercer paso hay que hablar. Estos tres primeros pasos te ponen en contacto con los sentimientos de Dios antes de dar el gran paso final.

PASO CINCO: HACER LAS OBRAS DE DIOS

Mi mujer, Darlene, suele decirle a la gente que no podemos atribuirnos el mérito de haber fundado Juventud con una Misión. «Todo fue obra de Dios», dice con una sonrisa. «Lo único que podemos reivindicar es que no nos rendimos».

Es verdad. Hacemos las obras de Dios como ayudan los niños pequeños con las tareas domésticas. Aunque ellos recojan juguetes o empujen una escoba, la mano rectora de los padres hace el trabajo. Pero incluso teniendo la guía de los pensamientos, oraciones, sentimientos y palabras de Dios, sigue siendo un reto no renunciar a hacer sus obras.

El libro de Santiago nos recuerda que «la fe, si no tiene obras, es muerta en sí misma» (Santiago 2:17). No nos salvamos haciendo las obras de Dios. «Porque por gracia sois salvos por medio de la fe; y esto no de vosotros, pues es don de Dios; no por obras, para que nadie se gloríe» (Efesios 2:8-9). Pero ¿para qué nos salvó Dios? El versículo siguiente responde diciendo: «...somos hechura suya, creados en Cristo Jesús para buenas obras, las cuales Dios preparó de antemano para que anduviésemos en ellas».

La gracia no solo nos guarda del pecado y nos levanta si caemos. Nos permite emprender acciones audaces que serían imposibles sin Dios.

Asumes el destino de Dios creando con Él. Cumples el propósito de tu vida dando los pasos anteriormente mencionados: escuchar a Dios, hacer sus oraciones, confesar sus palabras, sentir sus emociones, hasta llegar al paso final de hacer sus obras. Estas partes constitutivas para vivir los propósitos de Dios no siempre son secuenciales. Pueden serlo, pero a menudo varían.

A veces, Dios no espera a que ores o sientas antes de pedirte que hagas algo. El proceso de vivir los propósitos de Dios no es una fórmula estricta. Esto es solo un esbozo de lo que puede ser.

No te pierdas al dar los pasos. Mantente cerca de Dios mientras Él te guía y te revela su amor. Los pasos son claros, pero el camino es angosto. Hacer la voluntad de Dios significa hacer las cosas a su manera, a su tiempo, con una motivación correcta.

Parece difícil, ¿verdad? De hecho, es humanamente imposible. Pero la gracia de Dios es sobrehumana. Y su Espíritu vive en cada creyente.

Es fácil cometer errores. Podemos confundirnos, equivocarnos de momento o permitir que el orgullo aborte los propósitos de Dios. Esto no significa que haya debilidad en el diseño de Dios. La debilidad está en nosotros.

Si se lo pedimos, el Espíritu de Dios puede purificar nuestros viejos patrones de pecado. Cuando tropezamos y cometemos errores, Él nos saca del pozo y nos coloca sobre una roca firme para volver a empezar.

Muchos propósitos de Dios no se han cumplido. Por ejemplo, Él quería vivir con los humanos en el perfecto jardín del Edén. Dios también proyectó que Israel se extendiera «desde el desierto y el Líbano hasta el gran río Éufrates, toda la tierra de los heteos hasta el gran mar donde se pone el sol» (Josué 1:4). Pero, hasta el día de hoy, Israel nunca se ha extendido tanto. ¿A qué se pudo deber que los israelitas nunca obtuvieran toda la tierra prometida? Dios busca algo más precioso; algo que una tierra prometida y un jardín de ensueño no pueden ofrecer. Él quiere tu corazón. Le importas más tú que los propósitos que Él pueda tener para ti.

Es absurdo retroceder por temer estropear sus designios. Dios no teme desprenderse de su propio jardín y nación, con tal de que nuestros corazones se vuelvan a Él.

Su sueño supremo no es la jardinería del Edén ni las propiedades inmobiliarias en Israel. Trazó esos diseños para relacionarse, colaborar con nosotros y hacernos uno con Él. Cuando la humanidad estropeó el primer diseño, Él concibió otro y otro. ¡Qué Creador tan humilde! Nos agarra cuando caemos. Nos busca cuando nos extraviamos. Venda nuestras heridas autoinfligidas.

La historia es *su* historia de perdón y redención. Tu historia, cualesquiera que sean los errores que hayas cometido, también puede ser redimida. Tú puedes formar parte de su historia.

«¡He aquí, yo hago nuevas todas las cosas!» (Apocalipsis 21:5b), declara Jesús. Con cada nuevo propósito, la meta de Dios es la misma. Él quiere que nuestros pensamientos, oraciones, palabras, emociones y obras sean uno en Él. Él nos quiere.

Por eso, pese a ver la debilidad de nuestro corazón, aun así, Él declara sus propósitos. Todas las cosas forman parte de su gran propósito: «Id, y haced discípulos a todas las naciones» (Mateo 18:19a). Dios quiere que tu corazón se centre en vivir sus sueños. Quiere corazones dispuestos a llevar su mensaje de amor. Dios podría hacerlo todo sin nosotros, pero decidió incluirnos en su propósito de salvar al mundo.

La inexperiencia o la incapacidad no son excusas para eludir los propósitos de Dios. Él está dispuesto a arriesgar la reputación del Rey de reyes para involucrarnos en sus propósitos y llamarnos a ser embajadores suyos. Dios te guiará intencionalmente a hacer obras que están más allá de tu capacidad. Guio a David, cuando era un muchacho, contra un gigante filisteo. Él nos envía «como a ovejas en medio de lobos» (Mateo 10:16a). Dios te muestra una «tierra prometida» y luego te ayuda a tomarla por la fuerza. Cualquiera que camine por la estrecha senda de Dios se enfrentará a ese tipo de desafíos, para fortalecer la fe y la confianza.

Él sabe mejor que tú lo que puedes y lo que no puedes manejar. Solo Dios te conoce lo suficiente bien como para determinar lo que eres capaz de hacer. Queda claro que Dios sabía más que yo cuando me llamó siendo un niño y me envió siendo un joven universitario a la sabana de África occidental.

En los años que siguieron visité todos los continentes y seguí viviendo los propósitos de Dios. El mundo se hacía cada vez más pequeño, pero mi llamado se hacía cada vez más grande. Viajando de nación en nación, vi que Dios no tenía sueños exclusivamente para mí, o para algunos, sino para el mundo entero.

Dios, el cartógrafo

Cuando ya había visitado unos 100 países durante mis viajes misioneros, fui consciente de que las naciones tienen identidad. Pedí a Dios en oración: «Señor, dame un entendimiento del destino de esta tierra. Permíteme participar de alguna manera para conducirles al destino, propósito y llamado que tienes para ellos».

Ya sabía que Dios tiene destinos para las naciones porque Pablo dijo a los atenienses: «Y de una sangre ha hecho todo el linaje de los hombres, para que habiten sobre toda la faz de la tierra; y les ha prefijado el orden de los tiempos, y los límites de su habitación para que busquen a Dios, si en alguna manera, palpando, puedan hallarle, aunque ciertamente no está lejos de cada uno de nosotros» (Hechos 17:26-27). Así que Dios no solo nos crea a cada uno de nosotros, sino que también establece cada nación. Incluso traza las fronteras. El Hacedor de mapas hace todo esto para que la gente «le busque».

Los ejércitos combaten por las fronteras. La gente muere por cuestiones de fronteras. Las naciones hacen y deshacen tratados sobre fronteras. A lo largo de la historia, los pueblos han formado países separando o uniendo diferentes grupos humanos. Tras la Segunda Guerra Mundial, los generales de las fuerzas aliadas trazaron nuevas «líneas en la arena» para definir países en el norte de África. Las extrañas fronteras geométricas de sus mapas ponen de manifiesto que no tuvieron en cuenta las fronteras naturales ni los territorios de los pueblos y grupos lingüísticos que vivían en ellos.

No obstante, la Biblia dice que Dios determinó sus fronteras (los límites de su habitación) y haciendo una panorámica del Antiguo Testamento Dios también decide la secuencia en que las naciones se levantan y caen. Jesús dijo: «Y será predicado este evangelio del reino en todo el mundo, para testimonio a todas las naciones» (Mateo 24:14a). A menudo resulta difícil percibir la obra de Dios en las fronteras del mundo, pero a veces, uno puede vislumbrarla mientras busca su voluntad para un país.

En 1985, me invitaron a disertar ante más de mil creyentes en Finlandia, en plena Guerra Fría. Mientras escuchaba a Dios en oración, Él me dijo: «La Unión Soviética pronto se abrirá. Dilo». De modo que subí al escenario y anuncié: «¡La apertura está llegando!». En mi corazón, sentí que el Señor me decía: «¡Insiste!», así que dije más fuerte: «¡La apertura está llegando! ¡La apertura está llegando a la Unión Soviética!».

El público respondió con miradas dubitativas y un silencio sepulcral. Parecían atónitos. Probablemente no podían creer lo que habían oído. Un amigo editor finlandés me dijo después: «Loren, pensé que te habías pasado de la raya». Pero al año siguiente, el presidente Mijail Gorbachov anunció que se iniciaría en la Unión

Soviética una política de *glasnost*, palabra rusa que significa 'apertura'.

En 1988, viajé para dirigirme a una multitud de 11 000 personas en el salón de exposiciones Messe, en Frankfurt, Alemania Occidental. Mientras oraba, Dios me reveló otra palabra impactante.

—¡Prepárense! Prepárense, porque Dios quiere derribar el muro de Berlín. Quiere unir Alemania Oriental y Occidental —advertí a la gran audiencia de creyentes alemanes. Tras el mensaje, algunos se acercaron airados al estrado.

—¡Cómo puede decir esas cosas! —me dijo una mujer.

Nadie había pensado que la Alemania Oriental comunista se reunificaría pacíficamente con la Alemania Occidental. Era una afirmación política radical, sobre todo porque procedía de mí, un misionero estadounidense.

Le respondí:

—Yo solo soy el mensajero. Es Dios el que me dice lo que se propone hacer. —Yo sabía que es Él quien traza las fronteras.

Poco después, un hombre escribió todo un libro denunciando a las personas que decían ese tipo de cosas como «falsos profetas» y mencionaba mi nombre. La gente se indignó. El 19 de enero de 1989, Erich Honecker, dictador de Alemania Oriental, dijo: «El muro seguirá en pie dentro de 50 años e incluso 100».[6] Pero ese mismo año, Honecker fue destituido y detenido. El muro fue derribado y Alemania empezó a reunificarse.

---

6 Emol. ´Cronología: Cómo fue la caída del Muro de Berlín en 1989´. Emol. 9 de noviembre de 2019. https://www.emol.com/noticias/Internacional/2019/11/09/966602/Cronologia-Caida-Muro-Berlin-1989.html.

Tras la caída del muro, hice una extensa gira de conferencias por Alemania, donde un grupo de más de 300 líderes me invitaron a disertar sobre la identidad y el papel de la nación recién reunificada en el mundo. Hablé en Berlín el mismo día en que los tanques y las tropas soviéticas abandonaban Berlín Este.

Ante una multitud de más de 80 000 personas, entre las que había cristianos alemanes y visitantes que habían viajado a Alemania a hablar del amor de Jesús, dije:

—El ejército soviético ha salido hoy de Berlín y ha entrado un ejército de cristianos.

Les hablé de los propósitos de Dios para ellos como nación:

—Ustedes iniciaron las misiones modernas a través del movimiento moravo. Y fueron el primer país que imprimió Biblias. Lo hicieron con la prensa de Gutenberg, inventada por los alemanes.

Las palabras resonaban en el estadio mientras relataba la historia de la caída de Alemania. Satanás tenía tanto miedo de la iglesia alemana, que intentó destruirla con las mentiras de Hitler. En 1945, Alemania ya no existía. Era territorio ocupado.

—¡Pero ha llegado el momento de la resurrección del llamado de Dios para el país! Ahora Alemania puede convertirse en la mayor fuerza misionera de la historia.

Estas experiencias me mostraron claramente que Dios decide las fronteras y los tiempos de las naciones. No dudé en ver a Dios cumplir su palabra sobre el Imperio soviético y Alemania. Él conoce la personalidad y el carácter únicos de cada país. Conoce a las naciones como nosotros conocemos a las personas, solo que mejor.

Dios puede hablar a las naciones como a las personas, darles esperanza y sentido. Así pues, sin duda, Él es capaz de guiarte. Puedes escuchar las palabras de Dios para guiar tu vida y puedes escuchar las palabras de Dios para guiar a tu nación. Tanto tú como tu país necesitan conocer los propósitos de Dios. Él está trazando y dibujando mapas para actuar en el corazón de cada nación. Puedes buscarle y obedecerle o ignorar y rechazar su voluntad. La decisión es tuya.

7

UN ESTUDIO BÍBLICO PRESIDENCIAL

En 1991, nuestra familia se sumó a un grupo a bordo del Pacific Ruby, barco de JUCUM, que visitó la remota isla de Pitcairn, en el Pacífico Sur, último territorio del planeta que ha recibido misioneros de Juventud con una Misión. Para 1996 había visitado 235 estados y países dependientes. En mis viajes misioneros, he conversado con los reyes y jefes de Estado de Tonga, Noruega, Países Bajos y otros países. Pero en Suiza, me sorprendió recibir en mi casa la llamada de un representante del presidente de Benín, país de África occidental. Me acerqué el teléfono a la oreja. ¿Qué quería de mí el presidente de Benín?

«El presidente Kerekou desea que usted le enseñe a ser un líder recto para llegar a ser un país que complace a Dios», me dijo su asistente. El hombre me explicó que hacía dos años Mathieu Kerekou había renunciado al ateísmo y a su dictadura comunista sobre Benín. Incluso pidió perdón a la nación por haberla conducido por el camino equivocado. Después de convocar elecciones democráticas, el pueblo eligió a otro candidato. Pero un mandato después, Benín optó por reelegirle como presidente. Kerekou había leído mis libros y quería conocerme.

«Vaya». Tras aceptar agradecido la invitación, colgué el teléfono. Me acordé de aquel viaje en *jeep* hasta la aldea de Natitingou, Benín. Había pasado medio siglo desde que nuestra iglesia les había regalado el *jeep* rojo. Respiré hondo y me senté en el sofá blanco de nuestro salón. Cuando entró Darlene, le conté de la llamada.

—¡Oh, Loren, es maravilloso! —dijo Dar dándome un abrazo.

Mientras hacía las maletas, le pregunté al Señor: «¿Cuál es tu propósito para Benín?». Sabía que no bastaba con hablarles de esperanza en la eternidad, también necesitaban esperanza para el presente. En mis viajes descubrí que toda nación tiene dones y llamados. Muchos países africanos tienen más creyentes per cápita que los países de Europa o Estados Unidos. Pero la pobreza y la corrupción política ahogan su esperanza de convertirse en naciones que glorifiquen a Dios.

Millones de africanos han entregado su vida a Jesús a través de una oración de salvación. Cada hombre y mujer que se salva comienza a ser renovado. Pero ¿qué ocurre con su gobierno? ¿Y sus escuelas? ¿Y sus lugares de trabajo? Toda nación y todo creyente deben ser discipulados. No podemos volvernos complacientes después del nacimiento de un hijo de Dios. Ninguna madre amorosa exclama después de haber dado a luz: «¡Me alegro de haber acabado con este bebé!». El trabajo comienza justo después del parto.

Ya es bastante difícil cuidar de la propia familia; ¿cómo podemos cuidar del mundo? Muchos creyentes se sienten satisfechos asistiendo en familia juntos a la iglesia. La iglesia y la familia son dos ámbitos esenciales de la sociedad. Pero si son rechazados los caminos de Dios en el gobierno, la empresa, la ciencia, la educación, los medios de comunicación y las artes, hasta las familias justas que asisten a la iglesia sufrirán enormemente.

Tomé un tren a Zúrich para conectar con un vuelo a Benín. Con corazón exultante me preparé en oración. Llegué a Cotonú, Benín, y los guardianes del presidente me escoltaron desde el avión. Me llevaron a una sala de espera del aeropuerto. Para mi sorpresa, los medios de comunicación del país acudieron para una conferencia de prensa con mi persona.

—¿Por qué ha venido a Benín, Sr. Cunningham? —me preguntó un periodista.

—Me han contado que el presidente Kerekou se ha hecho creyente en Jesús, y desea que le enseñe cómo Benín se puede convertir en una nación que agrade a Dios.

—¿Sabía usted que el presidente Kerekou fue ateo y dictador durante diecisiete años? —Asentí a la pregunta.

—Sí, pero se disculpó por llevarles al comunismo, y permitió unas elecciones libres. Le arrebataron el poder. Pero ahora el país le ha elegido para que les dirija de nuevo. Benín tiene una oportunidad especial de volverse hacia Dios y recibir su ayuda.

Tras la rueda de prensa, un automóvil Mercedes negro me trasladó al palacio presidencial. El presidente Kerekou me estrechó fuertemente la mano y me indicó que tomara asiento. Puse la Biblia sobre mi regazo y le pregunté:

—Señor presidente, antes de mostrarle algo de la Biblia, ¿puedo contarle una historia?

Él asintió, cruzó las manos y empezó a escuchar con atención. Le conté al presidente el caso de un chico que era repartidor de periódicos, en California, y el *jeep* rojo que su iglesia envió a Benín. «En la iglesia de California un predicador explicó que el *jeep* era para un misionero que lo necesitaba para acceder a sus iglesias cerca del remoto pueblo de Natitingou». En ese instante, se alzaron las cejas del presidente. Se inclinó hacia delante.

—Aquel muchacho creció y visitó Natitingou como misionero —seguí contándole lo del bicho rojo del jefe y la alegría de montar en el *jeep*—. Sé que fue emocionante para aquel muchacho porque ese chico era yo —terminé diciendo con una sonrisa.

—¡Ja, ja, ja!, —rio el presidente, y mirándome fijamente dijo—: ¿Sabías que Natitingou es mi pueblo natal? Allí me crie.

—¿Natitingou? —jadeé.

—Probablemente vivía allí cuando llegaste de joven —dijo el presidente, sacudiendo la cabeza con sorpresa.

Luego abrí la Biblia y me puse a compartir con el presidente. Le mostré principios para gobernar Benín con rectitud, para que fuera una nación dedicada a Dios. El presidente Kerekou estaba deseoso de conocer la Palabra de Dios. Cuando terminé y oré por él, me dijo:

—¿Podrías también enseñar a los líderes de mi gobierno?

Luego me llevó a conocer a su gabinete y adjuntos. Eran unos cuarenta. Y antes de sentarse, susurró: «Y empieza con la historia del *jeep*».

Hablé con los líderes de Benín por una hora. Solo uno de ellos era creyente. Los demás seguían el islam o practicaban el vudú. Benín es la cuna del vudú en África occidental. Después pasé mucho tiempo enseñándoles la Biblia y respondiendo a sus preguntas.

—¡Ahora es el tiempo para Benín! —le dije—. No hay razón para que Benín o ningún otro país permanezcan empobrecidos a causa de la corrupción. No hay límite para lo que Dios quiere hacer a través de usted.

Cuando subí al avión para regresar a Suiza, me asomé por la ventanilla. Debajo de mí se dibujaba el ajetreado mosaico de la capital de Benín. A medida que nos adentrábamos en el cielo azul, las casas y los coches se hacían cada vez más pequeños. Me recosté en el asiento y medité en el gran potencial que tenía ese hombre.

El deseo del presidente Kerekou de aprender los caminos de Dios fue algo realmente extraordinario. Recuerdo con cuanto entusiasmo me escuchaba cuando le enseñé lo que dice la Biblia sobre el gobierno.

Dios contempla todo el panorama: cada vida, cada pensamiento; todo el mundo, en todas partes. Al Señor le encanta usar gente de fe común y corriente para confundir a los sabios y eruditos[1] ególatras del mundo. Cuando alguien le escucha atentamente y le obedece, Dios puede levantarle para llevar a cabo el mayor bien posible.

Dios es el único que tiene el corazón y la autoridad para hacer siempre lo mejor para nosotros y para las naciones. Para Él no es un problema colocar personas en puestos clave de autoridad en el gobierno, la educación, la empresa, la ciencia, los medios de comunicación o el entretenimiento.

---

1 1 Corintios 1:27.

Lo que el Creador busca es un remanente, gente que ore y actúe en obediencia. Incluso Sodoma y Gomorra se habrían salvado si diez hombres justos se hubieran hallado en ellas. Diez hombres no son suficientes para ganar una votación ni para organizar una protesta exitosa. Dios no necesita un voto mayoritario para salvar ciudades y naciones. Él solo busca personas devotas con la fe suficiente para actuar.

Si no pones límites a los propósitos de Dios, es posible incluso dejar un legado de justicia que perviva más allá de tu existencia. Me di cuenta de esto cuando estuve al tanto de una renovación espiritual que se extendió por varias generaciones en un grupo tribal llamado los mossi.

8

LLAMADO A LOS MOSSI

Hace algunos años, un obrero de JUCUM me habló de un estadounidense que oraba por África en los años 20. Mientras buscaba a Dios, oyó el nombre de una tribu africana: los mossi.

El hombre nunca había visitado África, pero preguntaba a los misioneros que visitaban su iglesia: «¿Han oído hablar de los mossi?», siempre le respondían que no. Pero él siguió orando por ellos para que oyeran el evangelio y conocieran a Jesús. Finalmente, Dios le dijo que viajara a África y buscara a esa tribu. Habló con su jefe y le explicó lo que iba a hacer.

—Nos veremos cuando nos veamos —dijo a su jefe antes de partir en un buque hacia Dakar, Senegal, el punto más occidental de África.

Al llegar a Dakar, el hombre iba diariamente al concurrido mercado y preguntaba a la gente: «¿Conocen a los mossi?», nadie les conocía. Al cabo de seis semanas, por fin conoció a un hombre que le dijo:

—Yo conozco a los mossi.

—¿Dónde viven? —le preguntó.

—Bastante lejos. Los mossi tienen un pueblo muy grande que se llama Uagadugú. Pero está muy lejos.

—¿Cómo puedo llegar allí?

El senegalés señaló hacia el este y contestó:

—Camine hacia allá.

Alborozado al oír la noticia, el estadounidense acumuló provisiones y emprendió una caminata de más de 1900 kilómetros a través de regiones infestadas de paludismo hasta llegar a la aglomeración de Uagadugú, en lo que hoy es Burkina Faso.

«¡Señor, he encontrado a los mossi!», oró, «¿qué debo hacer ahora?».

Para su sorpresa, sintió que Dios le respondía: «Regresa a Estados Unidos y pide a todos tus conocidos que empiecen a orar por los mossi». Una vez más, obedeció. Volvió a Estados Unidos y pidió a todos sus conocidos que oraran por los mossi. Después de algún tiempo, diecisiete familias oyeron el llamado y partieron para ministrar a los mossi.

Un misionero mossi real

Uno de los primeros mossi que se hizo creyente fue un joven de dieciocho años que pertenecía a la realeza de la tribu. Poco después de su salvación, el joven se hizo misionero y rechazó el rol de emperador de los mossi, una temida tribu de jinetes. Empezó a predicar y fundar iglesias hasta que perdió a su mujer. Volvió a Uagadugú y se volvió a casar. Justo después de cumplir 60 años, su segunda esposa dio a luz a un niño llamado Paul Dangtoumda.

A los 18 años, Paul se incorporó a Juventud con una Misión y se hizo misionero. Fue a estudiar a Europa y luego a Hawái. Se graduó con honores en la Universidad de las Naciones de JUCUM. Paul enseñó y predicó extensamente. Después de años de fiel servicio misionero, fundó un campus de la Universidad de las Naciones en Port Harcourt, Nigeria. Allí instruyó a centenares de jóvenes misioneros y los preparó para estudiar carreras destinadas a reformar todos los ámbitos de la sociedad.

Viajé a Nigeria en 1991 para disertar en el campus de la Universidad de las Naciones. Allí conocí a Paul, su mujer Rachel y sus dos hijas. Para entonces, Paul ya era bastante mayor y tenía el pelo canoso. El campus de Port Harcourt había crecido hasta contar con quince nacionalidades y varias escuelas. Estando con Paul y su gente, me acordé de la fiel oración de un hombre al otro lado del mundo, hacía dos generaciones y media. Su oración en los años veinte fue el inicio de todo.

Esa oración traspasó fronteras generacionales y nacionales. Y su eco sigue resonando.

El legado de una oración de 80 años

Aquellas oraciones siguen siendo oídas generaciones más tarde. Simon Compaoré, hijo del primer predicador de aquella primera generación de creyentes mossi, llegó a ser alcalde de Uagadugú y luego ministro de Estado para la Seguridad Interior.

Timotee, otro mossi que hace parte de Juventud con una Misión, afirmó: «El padre de Simon Compaoré fue uno de los primeros pastores mossi. Actualmente Simon está cambiando Uagadugú». Y explicó con una sonrisa: «Las calles están más limpias. La prostitución no está permitida. Se crean nuevos puestos de trabajo y se encarcela a la gente por corrupción. Tienen miedo de robar dinero porque eso no tiene perdón», rie Timotee.

Al hablar del efecto que Compaoré ha provocado en la nación, Timotee dijo: «¡No puedo creerlo! No puedo explicarlo. Es increíble cómo Dios cambia a un país».

Joseph, otro jucumero mossi, está de acuerdo: «Antes, Uagadugú no era más que un pueblo grande. En francés decimos *une gros village*. Si hubieras estado en Uagadugú en los años ochenta y volvieras hoy, no reconocerías el lugar. Simon Compaoré ha hecho un gran trabajo. Trabaja muy duro». Según Joseph, «el país se está fortaleciendo porque hay muchos cristianos que participan en el gobierno».

Los mossi siguen siendo bendecidos por el legado de un hombre que obedeció a Dios para orar y viajar a una tribu que no conocía.

9

ORAR SIN FRONTERAS

Orar sin fronteras es un privilegio y una responsabilidad extraordinarios. Al igual que las oraciones de aquel hombre por los mossi, tus oraciones no tienen fecha de caducidad. Tampoco tienen limitaciones geográficas. Como hijo de Dios, puedes escucharlo y obedecer el llamado universal a la oración.

Sin oración, no puedes esperar que se cumplan los propósitos de Dios. Es imposible llevar a cabo las obras de Dios sin Él.

Muchos intentan hacer la obra de Dios sin su poder, pero obtienen resultados decepcionantes, sus fuerzas se agotan y se paralizan. Si algo positivo sucede, es debido únicamente al efecto de oraciones ajenas. Así pues, asegúrate de poner un fundamento de oración en cualquier trabajo del Reino que quieras emprender. Esto es aplicable tanto para la evangelización como el asesoramiento pastoral, enseñanza y ministerios de adoración.

También afecta a las personas que tratan de glorificar a Dios mediante servicios como la medicina, comunicación, tecnología, educación, ciencia o las artes.

Dios es digno de una entrega sostenida por la oración. No se merece el resultado vacío de la gente que vive sin Él. El hombre que empezó a orar por los mossi no tenía ni idea de lo que Dios pretendía hacer a través de sus oraciones. Al principio, solo sabía que debía orar. Después Dios le dijo: «Ve».

Incluso al final de su vida, el hombre no sabía lo que Dios haría a través de las siguientes generaciones de misioneros y políticos en Uagadugú. Solo podemos ver una fracción de las obras de Dios cuando le obedecemos en oración.

¿Por qué vamos a querer tomar decisiones basadas en nuestras diminutas perspectivas? Para que nuestras vidas lleguen lejos y cumplan los propósitos de Dios, tenemos que escuchar, confiar y obedecer a Aquel que lo ve todo. Dios puede mostrarte por lo que tienes que orar y qué pasos dar para descubrir tu propio «mossi». Nunca verás el cuadro completo como Él. Por lo cual, relájate y confía en Dios al dar el siguiente paso en la senda que Él está despejando para ti. Confiando en la sabia y amorosa guía de Dios, llegarás al punto en que su «yugo te será fácil» y su «carga ligera» (Mateo 11:30).

Los deseos de tu corazón pueden ser uno con los de Dios mediante la oración y la obediencia. Los propósitos de Dios cobran vida cuando abandonamos nuestro egoísmo y nuestros esfuerzos. Creo que a Dios le encantaría revelarte los propósitos singulares que ha diseñado para ti. Le llena de entusiasmo cuando ejercitas tus llamados universales de ir, dar, comunicar y orar.

Algunos imploran que se haga la voluntad de Dios en su país o en su vida pidiendo «más de Dios». Puede ser un deseo sincero de corazón de conocerle mejor. El Espíritu Santo es infinitamente paciente y espera el momento adecuado para que nuestro corazón se alinee con sus palabras.

Si Dios no esperara a hablarnos, esto nos empujaría a nuevos niveles de responsabilidad para los que no estamos preparados. Él espera nuestra oración sincera para que el Espíritu Santo purifique nuestros corazones y motivos. Los corazones egocéntricos le preguntan: «Señor, ¿cuál es tu plan para mi vida?». Los corazones purificados buscan a Dios simplemente por ser quien es. Su purificación es intensa. La llamamos cirugía del alma o «apertura y quebrantamiento». La Escritura lo llama crucificar la carne y dar muerte al viejo hombre pecador.[1]

La visión del rostro de Dios asustó mucho al profeta Isaías. La imponente presencia de Dios puso al descubierto pecados que Isaías probablemente había olvidado. «¡Ay de mí! que soy muerto; porque siendo hombre inmundo de labios, y habitando en medio de pueblo que tiene labios inmundos, han visto mis ojos al Rey, Jehová de los ejércitos» (Isaías 6:5). Un ángel voló y tocó los labios impuros de Isaías con un carbón encendido. El fuego del cielo purificó al profeta. Dios le perdonó. «Después oí la voz del Señor, que decía: ¿A quién enviaré, y quién irá por nosotros? Entonces respondí yo: Heme aquí, envíame a mí» (Isaías 6:8). La secuencia es importante: Isaías fue purificado primero, luego Dios le llamó, entonces Isaías pudo decir: «¡Envíame a mí!».

Jesús dio su vida para darnos la oportunidad de vivir verdaderamente. Él nos salva y comienza a purificar la profunda corrupción de nuestra vida; nos inspira y nos

---

1 Romanos 6:6

declara sus deseos, entonces su autoridad se libera a través de la obediencia.

Por la gracia de Dios, podemos cumplir su voluntad. Cumplir sus sueños. Vivir su amor por siempre.

A medida que sigas obedeciendo el llamado a orar, esto sentará las bases de la confianza para establecer tu singular llamado. Es una parte esencial para vivir los propósitos de Dios. A través de la escucha, la oración y la obediencia cuidadosa, puedes ir a cualquier lugar y hacer todo lo que Dios te muestre.

Mis oraciones me llevaron a comunicarme por escrito. En la remota isla de Tokelau, en el Pacífico, me asombré de cuán lejos puede llegar el efecto del llamado universal.

No, piratas no

No hay forma de saber hasta dónde llegará tu mensaje cuando lo comunicas en obediencia a Dios. Cuando empecé a escribir mi primer libro en 1983, no había oído hablar de un remoto atolón llamado isla de Swains.

A mediados de los noventa, un joven polinesio se acercó a hablar conmigo después de disertar en una gran reunión al aire libre en Nueva Zelanda. Me dio las gracias por la enseñanza y me dijo que era de Tokelau, un remoto archipiélago de tres islas coralinas. Tokelau está donde se cruzan el ecuador y la línea internacional del cambio de fecha, en el Pacífico. En una región cercana, hay una cuarta isla llamada Swains. Su ancho rostro esbozó una expresión solemne. Y me dijo con discreción:

—Sé que usted viaja mucho. Si algún día visita la isla de Swains, ¿podría hablar con ellos para que devuelvan la isla a Tokelau? No tenemos agua ni espacio suficiente en nuestras islas, especialmente en Fakaofa.

Me dijo que las tres islas de Tokelau se habían vuelto dependientes de Nueva Zelanda debido a la superpoblación y al agotamiento del atún. En cambio, Swains tiene muchos cocoteros y un raro lago de agua dulce. Estreché la mano grande del joven y le contesté:

—Si voy allí, lo haré.

Por aquel entonces, no creía que fuera a ir nunca a la isla de Swains. Nunca había estado en mi lista de lugares a visitar. No era un país dependiente, solo un territorio menor de la Samoa Americana. Su población, que alguna vez tuvo más de 70 personas, ha llegado a tener a veces solo ocho habitantes. La gente va y viene de la isla, en busca de educación y trabajo.

Aproximadamente un año después de aquella reunión en Nueva Zelanda, mi esposa, mis hijos y yo navegábamos hacia Tokelau a bordo del Island Mercy, un barco dirigido por el ministerio Marine Reach de JUCUM. A bordo también viajaba un equipo médico y odontológico dispuesto a ayudar a los isleños. Rumbo a Tokelau, pasamos cerca de la isla de Swains y echamos el ancla. La isla de Swains está a 160 km de Fakaofo. Tres veces al año, un barco ancla junto al arrecife y les acerca suministros y correo. La isla no tenía teléfono ni radio. Como llegamos sin avisar, alertamos a los isleños de nuestra presencia tocando la bocina del barco. Al cabo de poco llegaron varios nativos en canoa para ver si llevábamos correo.

Un grupo de personas subimos a una balsa neumática y nos acercamos a la orilla. El oleaje empujó nuestra balsa hacia los isleños que nos esperaban en la playa. No parecían amistosos, y pensé: «Espero que sea una fiesta de bienvenida». Pisamos la blanca arena de la playa. Luego, siguiendo el protocolo habitual de la isla, les ofrecimos regalos de comida, libros y ropa, y nuestro intérprete samoano pronunció un discurso en honor de la jefa de la isla de Swains.

Nuestro pequeño grupo de jucumeros sonreía a los isleños mientras se reiteraba el tradicional discurso polinesio. La jefa de la isla nos miró con recelo durante toda la ceremonia. Uno de los miembros de nuestro equipo permaneció de pie durante todo el discurso, sosteniendo una bolsa azul que contenía regalos para ella. No parecía quererlos.

Con la ayuda del traductor, le expliqué:

—Hemos venido con un médico, una enfermera y un dentista que quieren atender a su gente. ¡Lo haremos todo gratis! —enfaticé, pero la jefa parecía bastante escéptica. Mantenía los brazos rígidos mientras escuchaba. Estaba claro que no confiaba en nosotros.

«Me mira como si fuera un pirata. Parece que no le interesan los regalos que le traemos».

Después me enteré de que la isla de Swains y Tokelau compartían una triste historia de incursiones de barcos negreros en el siglo XIX. Los traficantes de esclavos atraían a los hombres y niños de Swains a un barco bajo el pretexto de comerciar con baratijas. Los negreros los encerraban en la bodega y se los llevaban a trabajar a las minas de Perú. Eli Jennings, colono estadounidense que vino a ser propietario de Swains, llegó a colaborar con los esclavistas que secuestraban a los isleños de Tokelau. En varias ocasiones, los esclavistas diezmaron las poblaciones de las islas de Swains y de Tokelau. No era de extrañar que la jefa no confiara en los visitantes.

«Señor, ¿qué debo hacer?», oré. «Mira en la bolsa», me contestó.

Rebusqué rápidamente en la bolsa azul. En el fondo, había un ejemplar de uno de mis libros. Se lo ofrecí a la jefa y rogué al traductor que se lo explicara.

—Me gustaría regalarle un libro —lo volteé y señalé la foto de mi familia en la contraportada—. Esta es mi familia. Está en el barco —le dije—. A ellos también les gustaría desembarcar.

Cuando vio el libro, el rostro se le iluminó. Su hijo de 18 años nos sorprendió hablando en inglés:

—¡Ya tenemos este libro en la isla! —corrió a buscar un ejemplar y me pidió que se lo firmara. Supongo que el libro y el no tener pata de palo demostraron que no éramos piratas. Después, los habitantes de Swains le dieron la bienvenida a mi familia y al equipo a la isla.

Me sorprendió ver lo lejos que había llegado ese libro. Después de leerlo, reyes y gobernantes me han invitado a reunirme con ellos. No hay límite a la distancia a la que puedes comunicarte cuando lo haces en la voluntad de Dios. Ya sea que hables como yo, escribas como mi hermana Janice, o traduzcas como mi otra hermana Phyllis, todos tenemos el llamado de propagar el evangelio. Orando, yendo, dando y comunicando, llevamos la paz y la salvación de Dios hasta los confines de la tierra.

Cuando mi familia y otros miembros del equipo desembarcaron, solo vimos un puñado de habitantes en aquel hermoso atolón. Las lluvias habían convertido la laguna en un lago de agua dulce. Había cocoteros por doquier, tantos como cabían en una isla de kilómetro y medio de longitud.

Me invitaron a hablar en la capilla que tenían en la isla. Allí conocí a una joven de la familia Jennings. Había heredado la propiedad de la isla.

—No estoy segura de querer vivir aquí para siempre —me comentó. Y era comprensible, dado el aislamiento extremo de la isla. No me había olvidado del tokelaués en Nueva Zelanda. Así que le conté la petición del joven y le pregunté:

—¿Podría considerar devolver esta isla a Tokelau?

Sabía que era mucho pedir. Ella podría vender la isla por millones. La Srta. Jennings me dijo que era creyente y que lo pondría en oración. Ignoro el resultado de mi intercesión por Tokelau. Pero en ese momento sentí que Dios estaba obrando al hacerme eco de la súplica del joven de Nueva Zelanda.

No siempre serás testigo del resultado cuando obedeces a Dios y te comunicas en su voluntad. A veces, la gente acepta sus palabras con alegría y agradecimiento, como hicieron en la isla de Swains; otras veces serás rechazado, o incluso atacado físicamente, por comunicar el mensaje de Dios. Pablo entendió bien esto. Dijo a Timoteo que sufría por predicar el evangelio. «Sufro penalidades, hasta prisiones a modo de malhechor», se lamentó. «Mas la palabra de Dios no está presa» (2 Timoteo 2:8-9).

La verdad de Dios no tiene fronteras, no hay barrera que detenga sus palabras. Nada puede «encadenar» su mensaje.

10

INTERROGATORIO NORTEAFRICANO

Mi misión personal es ir físicamente por todo el mundo[1] para abrir puertas a otros misioneros. Durante mi vida, la globalización de los viajes por avión ha hecho posible llegar a lugares que antes se consideraban de imposible acceso. Hace años, decidí ir a todas las naciones como embajador de Cristo, y aunque las barreras físicas se han derrumbado, aún quedan algunas barreras políticas.

Durante décadas, no tuve forma legal de seguir el llamado de Dios para ir a todos los países. El más difícil de entrar era Libia. Las sanciones estadounidenses y la legislación libia hacían que fuera ilegal incluso intentarlo. Libia denegaba mis solicitudes de visado.

---

1 Marcos 16:15

Oré sobre lo que debía hacer y decidí acceder a los vecinos norteafricanos de Libia: Túnez y Argelia. Reservé un billete de avión para Túnez. Luego conduciría hacia el suroeste, hasta un punto fronterizo remoto entre Libia y Argelia.

Antes de iniciar el viaje, me tuve que operar para extirparme la vesícula biliar y el apéndice. Después de coserme la incisión de 28 cm, se me formó una hernia ventral. Me surgió un bulto que sobresalía del abdomen. La cirugía correctiva estaba programada en California, pero antes pasaría por Túnez e intentaría llegar a Argelia. Entrar en Argelia era casi tan peligroso como en Libia, pero si lo conseguía estaría un paso más cerca de cumplir mi llamado. Alquilé un coche pequeño en Camel Rent-a-Car, en Túnez, y recorrí muchos kilómetros de carretera vacía hacia la frontera argelina. Mientras conducía, iba orando en silencio, pidiendo la protección y la dirección de Dios. «Muéstrame qué debo hacer, Señor. Respeto a los gobernantes y a las autoridades que has puesto, pero sobre todo te respeto a Ti. Guíame, Señor».

Dios me movió a revisar el bolsillo de la chaqueta. En ella conservaba un siclo de un viaje a Israel.

«¡Será mejor que me deshaga de esto!». Me detuve y lo tiré.

Cuando apareció la frontera, reduje la velocidad del coche, intentando no levantar sospechas. Esperaba que los guardias tunecinos me dejaran pasar a Argelia. Pero un guardia se contoneó hacia el coche y me ordenó bajarme.

Forcé una sonrisa cuando me indicó severamente que entrara. No había más remedio que entrar. Avancé con cuidado con las bolsas y la hernia. Había un hombre encargado de inspeccionar el equipaje. Incluso antes de abrirlo parecía disgustado. El hombre señaló mis papeles y masculló algo en árabe. Otro hombre me hizo señas para que me acercara a su escritorio.

—¡Enséñeme sus documentos!

Le mostré mi pasaporte estadounidense y traté de sonreír. Por dentro, oraba con todas mis fuerzas: «Señor, ábreme la puerta; ayúdame a pasar». Al ver el pasaporte estadounidense, el guardia tomó su radio y avisó a su superior. En seguida un hombre alto con gafas de sol y uniforme de oficial empezó a interrogarme.

—¿Cuál es el propósito de su viaje a Túnez? —gruñó en inglés.

—Conocer el norte de África —le respondí.

El interrogador agitó repetidamente el dedo como si estuviera regañando a un niño.

—No toleraremos ninguna mentira. De nuevo, ¿cuál es su razón para viajar a Túnez?

—Señor, solo quería ver esta parte del norte de África —le contesté.

—Es usted judío, ¿verdad? —se burló el hombre—. Es un espía de Israel, que intenta colarse en nuestro país. Exhalé lentamente; mi mano rozó el bolsillo, ahora vacío, de la chaqueta. Me miró con aversión.

—Realmente habla árabe, lo sé. Finge hablar solo el inglés. Pero sé que habla nuestro idioma.

—Lo único que sé decir es *shokran*[2] —le dije con mi acento estadounidense.

A través de una puerta, vi a unos hombres que registraban el coche. El primer interrogador fue sustituido por otro, y luego por otro, a medida que pasaban las horas. Al final, seis hombres se turnaron para lanzarme acusaciones.

---

2 *Shokran* significa 'gracias' en árabe.

—Está casado con una israelí, ¿verdad? —me espetó un airado interrogador golpeando con el puño en el mostrador—. Su mujer es judía.

—No, es rubia. Nació en Canadá y ahora es estadounidense —respondí, sin dar más información de la necesaria.

—Sé que está casado con una judía —me desafió.

De pronto vi llegar un coche blanco con un conductor y el comisario, con gafas de sol oscuras. Salieron del vehículo y dejaron la puerta abierta de par en par.

«¡Oh, no! Me van a llevar a otro lugar».

El comisario entró con paso seguro e interrumpió al interrogador con órdenes tajantes en árabe. Se volvió hacia mí y me dijo:

—Por última vez, le voy a preguntar: ¿por qué está realmente en Túnez?

Mientras oraba en silencio se me ocurrió una idea.

—Se lo enseñaré —me volví para mirarle.

—¿Qué? —preguntó el comisario.

—Mire —me abrí la chaqueta y desabroché la camisa de punto, dejando ver el bulto de la hernia ventral en el abdomen—. Verá, no me encuentro bien. La semana que viene me operarán en un hospital de Estados Unidos. En una operación puede pasar cualquier cosa. Solo quería ver un poco del norte de África —dije esbozando una leve mueca de dolor, y volviéndome a subir la cremallera de la chaqueta.

El inquisidor abrió los ojos con asombro. Debió de preguntarse: «¿Qué hace este hombre aquí en estas condiciones? Si muere aquí, tendré problemas».

El interrogador principal se frotó el cuello mientras miraba en mi dirección.

—De acuerdo, puede entrar en Argelia —concedió.

—Creo que será mejor volver a Túnez —respondí al comisario, «sería una tontería volver a arriesgarme y no poder salir de Argelia», pensé.

Aliviado, recogí el equipaje y me dirigí al coche. Sin mirar atrás, cerré la puerta del coche y me alejé deprisa. Aunque no conseguí lo que esperaba, aprendí lo que necesitaba: Argelia no era una opción. Circulé de vuelta por Túnez, consciente de lo que me acababa de librar.

La única seguridad

Podían haberme encarcelado cuando intenté cruzar a Argelia, pero Dios me protegió. Es difícil saber por qué el Señor actúa como lo hace. Solo Dios sabe exactamente cómo y por qué actúa en nuestro favor. Hebreos 11:34 elogia a los que «evitaron filo de espada, sacaron fuerzas de debilidad, se hicieron fuertes en batallas, pusieron en fuga ejércitos extranjeros». Su fe fue correspondida con protección y gracia para vencer.

No obstante, el capítulo describe a muchos hombres y mujeres fieles a Dios que se enfrentaron al encarcelamiento, la tortura y la muerte. Esos creyentes pobres, perseguidos y maltratados también son elogiados por su fe.

Parece injusto constatar que unos creyentes son perseguidos y otros protegidos. Pero Dios no está ausente en tiempos de peligro. Él sabe cuándo necesitamos su gracia para andar por el fuego como hicieron Sadrac, Mesac y Abednego, quienes bajo amenaza de muerte, declararon: «He aquí nuestro Dios a quien servimos puede librarnos del horno de fuego ardiendo; y de tu mano, oh rey, nos librará. Y si no, sepas, oh rey, que no serviremos a tus dioses, ni tampoco adoraremos la estatua que has levantado»

(Daniel 3:17). El rey babilonio ordenó que el horno de petróleo fuera calentado siete veces más de lo acostumbrado para las ejecuciones regulares. Los verdugos se quemaron vivos cuando arrojaron a los jóvenes israelitas al horno.

Pero el rey se espantó al ver el aspecto de uno que era «semejante a hijo de los dioses» (Daniel 3:25c) en medio del fuego. El Hijo está con nosotros en el sufrimiento. La verdadera seguridad consiste en saber que estaremos con Jesús, no importa cuál sea el sacrificio. Con Él, podemos afrontar el horno y cualquier peligro que nos asalte. Fui consciente de esto más claramente durante una carrera por la autopista Panamericana.

Persecución por una autopista a alta velocidad

Una vez compré un autobús escolar amarillo para un viaje misionero por América Central. Tras instalar un depósito adicional de combustible y un retrete, preparamos el autobús para recorrer 700 millas (1 126,5 km) sin hacer ninguna escala por la autopista Panamericana.

Cuando regresábamos a Texas y California desde Nicaragua, nos detuvimos en El Salvador para llenar los depósitos de combustible antes de cruzar Guatemala. Había oído que Guatemala estaba al borde de la guerra civil, pero no tenía ni idea de la gravedad de la situación. En la frontera, los funcionarios nos detuvieron. Los cuarenta viajeros del autobús dormían.

A bordo viajaba, como parte del equipo, un sobrino de 19 años de un conocido gobernador de Guatemala. Al cabo de un rato, vinieron, nos pidieron los pasaportes, y se los entregamos.

—Permanezcan en el autobús —nos ordenaron.

Observamos y esperamos, pero los funcionarios no se movían. Sin palabras, los gestos y asentimientos de los hombres eran elocuentes.

Esperaban un soborno. Yo no pago sobornos. Estaba dispuesto a pagar cualquier tasa legítima que hubiera que pagar, pero no había ninguna. La conversación se alargó cuarenta y cinco minutos hasta que el sobrino del gobernador se acercó y me dijo:

—¿Puedo salir?

«¿Quizá quiere ir al baño o a comer algo?»

Entró y de repente volvió con los pasaportes de todo el equipo.

—¿Cómo los has conseguido? —Le miré sorprendido.

—Les dije quién era —me dijo— e inmediatamente me entregaron los pasaportes.

«Oh, no. Si están con la facción rebelde, ¡pueden venir por nosotros!»

Reanudamos la marcha. Como me temía, cuarenta y cinco minutos después, por una carretera recta, divisamos un control. Un hombre mantenía los brazos en alto, en el centro de la carretera. Otros tres estaban junto a un furgón Jeep. Cuando vi a los hombres supe que algo iba mal. Así que pisé el acelerador. Me acerqué a los 100, luego a más de 110 km/hora. Les sobrepasamos volando.

El furgón empezó a perseguirnos por la autopista. Aceleró e intentó adelantarnos, pero gracias al tamaño del autobús lo desvié, impidiéndoles que se nos acercaran lo suficiente para disparar.

Tras una larga carrera recta, me aproximé a una carretera estrecha que se adentraba en las montañas. En una estación de servicio, junto a la carretera, vi una camioneta de color azul grisáceo que se apartaba para bloquear nuestro carril. Con un vehículo detrás de nosotros y otro delante, mantuve la velocidad e incluso obligué al tráfico en sentido contrario a salirse de la carretera.

El Jeep y la camioneta azul nos persiguieron por la estrecha carretera. Acelerando en las curvas de montaña, mantuve el autobús por delante de ellos. Cada vez que intentaban adelantarnos me desviaba un poco para cerrarles una y otra vez el paso hasta que conseguimos escapar.

El depósito de gasolina adicional nos permitió resistir a nuestros perseguidores. Los dos vehículos tuvieron que rendirse y nosotros avanzamos hasta la seguridad relativa de Ciudad de Guatemala.

Repostamos y dejamos allí a algunos compañeros con contactos de la misión.

—¡Gracias a Dios que no te detuviste! —exclamaron nuestros amigos—. Ese grupo rebelde detuvo ayer a un autobús y después de robarles les dispararon.

Nos advirtieron que, para salir de Guatemala, tendríamos que cruzar un largo puente de un solo sentido sobre un abismo fluvial en territorio controlado por los rebeldes. Si no cruzábamos el puente fronterizo antes de las seis de la tarde, sería imposible salir del país, sumido ya en plena guerra civil. A contrarreloj, mantuve un ritmo rápido hasta el puente. Pasamos a México solo cinco minutos antes de las seis.

Por fin me bajé del autobús, agradecido por encontrarme bien. Me eché sobre el bordillo y me tomé un minuto para recuperarme de la adrenalina gastada. De pronto, ¡pum!, ¡pum!, las balas empezaron a volar sobre mi cabeza.

Me agaché detrás de un pilar de hormigón, junto a un guardia mexicano.

—¿Qué pasó, hombre? —le pregunté. Él se encogió de hombros

—¿Eso? Así es la guerra. A las seis de la tarde siempre empiezan a disparar al otro lado de la frontera.

En una pausa del tiroteo, nos alejamos del territorio rebelde, agradecidos por la calma de México.

Cuando Cristo divide

Vivir la voluntad de Dios puede significar tener que desafiar a las autoridades, a los compañeros y a la familia. Jesús dijo:

> «No penséis que he venido para traer paz a la tierra; no he venido para traer paz, sino espada. Porque he venido para poner en disensión al hombre contra su padre, a la hija contra su madre, y a la nuera contra su suegra; y los enemigos del hombre serán los de su casa» (Mateo 10:34-36).

Oír esto de Jesús puede inducir a confusión. Él valoraba a la familia. Algunas de sus últimas palabras desde la cruz fueron instrucciones para que Juan cuidara de María, su madre. Sus enseñanzas defienden el matrimonio y nos mandan honrar a los padres. Recordar esto ayuda a comprender lo que Jesús quiso decir al afirmar que dividiría a las familias.

Jesús estaba narrando lo que sucede cuando parte de una familia le acepta como Señor mientras que otros no lo hacen. Al responder prioritariamente a Dios, se destruyen algunas formas «normales» de relación con padres, maestros, amigos y otras autoridades. Mucha gente no te entenderá cuando Dios sea tu padre celestial, maestro, amigo y autoridad.

Los que le conocen como Señor y Maestro lo entenderán. Puede que incluso se relacionen más estrechamente contigo. Los que no lo aprueban intentarán ayudarte para que vuelvas a alinearte con sus propias expectativas. La mayoría quiere lo que creen que es mejor para ti. Te ofrecerán recompensas en forma de ayuda, oportunidades y aprobación. Pero cada una de ellas llevará consigo ciertas expectativas. Algunos tratarán de influir con penalizaciones como la desaprobación, el rechazo u otros castigos. Será algo muy particular. Los padres de uno de nuestros jóvenes obreros le dijeron: «Preferimos que seas drogadicto a misionero».

La mayor parte del mundo está controlado por este tipo de castigos y de recompensas. Los más ruines son las amenazas y los sobornos. La corrupción por amenazas y sobornos no solo se da en gobiernos locales y nacionales. Va contra nuestro trabajo, educación y familia. ¿Cómo se regirán nuestros actos? ¿Por incentivos civilizados e interés propio? ¿Por la amenaza y el soborno? ¿O por la Palabra de Dios y la santa voluntad de vivir de manera diferente? Nuestro mundo es amenazado y sobornado para que se amolde a lo «normal». Para cambiar el mundo, debemos estar dispuestos a rechazar los sobornos. También debemos estar dispuestos a recibir castigos absurdos a cambio de actos piadosos. No es justo, pero es real.

11

MÁS ALLÁ DE LA NATURALEZA Y LA CRIANZA

Dios se preocupa profundamente por el sufrimiento del mundo. Cuando le sigas, orarás novedosamente y actuarás para resolver los problemas de las personas que sufren a tu alrededor. Muchos de los grandes problemas del mundo no son naturales. La contaminación, la delincuencia y la guerra provienen generalmente de comportamientos humanos errados.

Los científicos llevan décadas estudiando las razones que motivan el comportamiento humano con la esperanza de comprender y reducir el sufrimiento que causan las personas. Los psicólogos llevan mucho tiempo debatiendo si las personas son producto del entorno, de la genética o de ambos. Están de acuerdo en que el ADN influye profundamente en el cuerpo, la personalidad y la inteligencia. Sin embargo, esto es solo una parte de la realidad.

El entorno en el que crecemos —sea positivo o negativo— influye significativamente en el comportamiento. Los niños que se crían con padres amorosos y en un ambiente sano y seguro tienen mucho más éxito en la vida que los que sufren maltrato o abandono por parte de sus padres. Los investigadores estudian el comportamiento de las ratas para conocer mejor los efectos de su entorno. Las ratas reciben recompensas en forma de comida por recorrer laberintos o pulsar botones correctos. Reciben descargas eléctricas u otros refuerzos negativos para enseñarles lo que no deben hacer. Se entrenan o «condicionan» para experimentar modificaciones genéticas, implantes electrónicos y otros estudios científicos.

Condicionar el comportamiento humano es actualmente una idea en boga para solucionar los problemas sociales urgentes. Para la mayoría de la gente, el condicionamiento funciona. Para la mayoría, nada es más importante que la comodidad y la autoconservación. Los gobiernos fascistas y comunistas adoptan técnicas de condicionamiento para canalizar la agresión hacia los disidentes y ejercer control sobre los medios de comunicación y otros sectores vitales de la sociedad. La amenaza de la violencia es una potente herramienta para los gobernantes que desean controlar a las naciones como los científicos controlan a las ratas. Países enteros son sometidos por medio del asesinato masivo de ciudadanos que violan las leyes que los controlan.

Los buenos gobiernos también hacen cumplir las leyes para controlar las intenciones delictivas de la gente, pero suelen utilizar métodos humanos. Ni siquiera las mejores prisiones pueden detener conductas delictivas; solo pueden contenerlas. Ni siquiera las prisiones perfectamente controladas pueden reformar a todos los delincuentes.

Es justo castigar a los infractores de la ley y fomentar el buen comportamiento. De todas las personas, los creyentes deberían ser los más diligentes en obedecer las leyes que decretan los gobiernos, haya o no amenaza de castigo. Debemos respetar a los maestros, la policía, los pastores y los funcionarios. Deberíamos ser los primeros en honrar a nuestros padres y madres. Por supuesto, nos sometemos a una ley superior. ¿A quién obedeces si tus padres te dicen que no hagas algo, pero Dios te dice que sí? ¿A quién obedeces si tu gobierno te dice «alto», pero la Palabra de Dios te dice «adelante»?

Aquel a quien obedeces es tu verdadero amo y señor. Por eso Jesús dijo que no había venido a traer la paz. Y por esta misma razón muchos comunistas y fascistas atacan a los creyentes, piensan que pueden controlarte con amenazas y sobornos.

Incluso los países cuyos gobiernos pretenden ser de los más civilizados del mundo fomentan la inmoralidad. Las naciones modernas y sofisticadas fomentan políticas sanitarias y gubernamentales que promueven la eutanasia, el aborto y la creación de embriones para su manipulación y destrucción mediante la investigación científica. ¿Cuántas almas sacrificarán para asegurarse la salud o la riqueza? Como pueblo de Dios, no debemos dejarnos manipular por la influencia de los medios de comunicación, la opinión popular o las políticas gubernamentales que proporcionan incentivos civilizados para pecar.

Si resistieras al pecado hasta derramar tu sangre,[1] las autoridades se darían cuenta de que no pueden manipularte. Puedes superar la manipulación de tu entorno.

---

1 Hebreos 12:2

Con Cristo como Señor, no serás transgresor ni corrupto. Al contrario, por el Espíritu Santo, puedes obtener el fruto de la templanza.[2] La única vez que un seguidor de Jesús debe quebrantar la ley es cuando esta contradice la ley bíblica. Pablo escribió: «Recuérdales que se sujeten a los gobernantes y autoridades, que obedezcan, que estén dispuestos a toda buena obra» (Tito 3:1).

Nerón, césar que asesinó a muchos creyentes, reinaba en Roma cuando Pablo redactó este pasaje. Pablo sabía lo difícil que era someterse a gobernantes y autoridades. El libro de Hechos muestra que Pablo, en su defensa legal ante los gobernantes romanos como Félix, Festo y Agripa, practicaba lo que predicaba. No trató de subvertir las leyes o su autoridad. Pablo simplemente defendió sus derechos conforme a la ley.

Así pues, los seguidores de Jesús también deben sujetarse a la ley. Aunque no hubiera leyes, la Escritura dice que los que pertenecen a Cristo Jesús han de guiarse por el fruto del Espíritu, «amor, gozo, paz, paciencia, benignidad, bondad, fe, mansedumbre y templanza» (Gálatas 5:22-23).

La ley es insuficiente cuando las personas no tienen el fruto del Espíritu de Dios. Los incentivos legales, las amenazas y los sobornos nunca son suficientes para controlar plenamente a todos. Hay un elemento humano que no procede del ADN ni del entorno. Buenas o malas, las personas anhelan disponer de libertad para elegir lo que harán con su vida. Ser verdaderamente libre significa zafarse de la adicción al pecado. Esto no se consigue solo con la ley. Algo más grande debe guiar y redimir nuestras mentes y corazones.

El legalismo no puede cambiarnos como el amor. «Porque el Señor es el Espíritu; y donde está el Espíritu

---

2 Gálatas 5:23

del Señor, allí hay libertad» (2 Corintios 3:17). Trágicamente, muchas personas reducen la Biblia a una lista de reglas, recompensas y castigos. Este es probablemente el entendimiento más ínfimo de la Palabra de Dios. Usar el cielo como soborno y el infierno como amenaza es confundir el deseo de Dios.

Jesús vivió y murió para que podamos aprender a amar. El amor de Dios significa escoger el mayor bien para los demás y para uno mismo. Su amor nos enseña lo que significa ser creyentes. Un evangelio de amenaza y de soborno es una distorsión grotesca del mensaje divino porque no da a conocer el amor de Jesús.

Sin Dios, la realidad es el infierno, en el presente o en la eternidad. Con Dios, comienza la vida eterna. Mediante una relación con Dios descubrimos el verdadero significado de la vida eterna. «Esta es la vida eterna: que te conozcan a ti, el único Dios verdadero, y a Jesucristo, a quien has enviado» (Juan 17:3). Este mensaje de eternidad es casi imposible de creer o entender sin mensajeros que lo vivan.

Así pues, debemos eludir la influencia de las amenazas y los sobornos si esperamos que nuestro mensaje sea creído. No podemos vivir como ratas enjauladas mientras cantamos a la esperanza y la libertad. Debemos liberarnos de la cobardía y la codicia que enredan a tantos. No pueden creer un mensaje que nosotros no vivimos. Pero, por la gracia de Dios, podemos vivirlo.

Para vivir el propósito de Dios para mí, me di cuenta de que tendría que viajar pronto a Libia. Todavía no había formas seguras ni formas legales de entrar en el país. No importaba que hubiera hecho misión en 237 países, si no lograba entrar en Libia, no habría obedecido el llamado que Dios me hizo cuando tenía trece años. No podía complacer a Dios y al gobierno libio. Estaba claro. Tenía que ir, estuvieran o no de acuerdo poderes y autoridades.

12

HUMILLADO EN TÚNEZ

Durante la década de 1990, los estadounidenses tuvieron prohibida la entrada en Libia, sobre todo sin visado. Mi primer intento de viajar por tierra me recordó lo peligroso que era para un misionero estadounidense viajar por el norte de África. En 1995, tenía casi sesenta años y sentía una creciente urgencia por entrar en Libia. Esa primavera, un amigo árabe, al que llamaremos Azim, aceptó viajar conmigo y ser mi traductor en mi segundo intento de cruzar la frontera por tierra.

Volé de nuevo a Túnez para intentar llegar directamente a la frontera oriental con Libia. Todos los turistas y otros visitantes parecían superar sin problemas la inspección de seguridad del aeropuerto de Túnez. Pero en cuanto el agente introdujo mi número de pasaporte en el ordenador, me apartó para someterme a una inspección especial. Nadie dijo nada, pero yo sabía que me habían marcado por mi anterior intento de pasar desde Túnez. Me volvieron a interrogar, pero los agentes no tardaron en soltarme y tomé un taxi para ir a un hotel.

Al salir del aeropuerto, nos siguió un todoterreno blanco en el que viajaban hombres que supuse que eran de la policía secreta. En el hotel intenté llamar a Suiza, pero como ruido de fondo oía la voz de los agentes de vigilancia. «Supongo que no estoy solo».

Al día siguiente, fui a buscar a Azim al aeropuerto. El mismo todoterreno empezó a seguirnos al alejarnos del hotel.

«¡Espera! Tengo una idea».

—Lléveme, por favor, a la entrada del aeropuerto —dije al taxista. Al llegar a la entrada, los hombres dejaron de seguirnos. Debieron suponer que volvía a casa.

Aliviado, entré en el vestíbulo y me encontré con Azim. Alquilé un coche pequeño y cargamos el equipaje. Salimos juntos del aeropuerto y nos hicimos a la carretera. Nadie nos seguía de camino hacia la frontera libia.

En una carretera solitaria, junto a arenas desérticas, una de las ruedas empezó a golpetear. Nos detuvimos y vimos que estaba pinchada. Azim localizó la rueda de repuesto en el maletero y yo empecé a bombear el gato para levantar el coche.

El sol norteafricano brillaba sobre montones de arena junto a la carretera. Cuando cambiamos la rueda, la levanté y la llevé a la parte trasera del coche. Con el brazo derecho intenté introducirla en el maletero. En cuanto la solté, sentí un tirón en la parte baja de la columna.

«Oh, no», cerré los ojos y me retorcí de dolor. El neumático cayó contra el maletero.

—¿Te sientes bien, Loren? —me preguntó Azim.

—Eso espero —respondí mientras me frotaba la espalda. Desde 1964 llevaba bregando con una lesión de espalda producida cuando volcó nuestra furgoneta en el desierto de Arizona.[1]

Me relajé al volante y reanudamos la marcha. Con cada kilómetro que recorríamos mi espalda iba empeorando. Sentía como si un fuego se extendiera desde la parte baja de la espalda a todo el cuerpo. Me esforcé por concentrarme en conducir a medida que nos acercábamos a la frontera.

—Lo siento, Azim, no puedo continuar. Me duele mucho la espalda —le dije—. Descansemos en el próximo pueblo.

Después de conducir los últimos doce minutos, Azim divisó un modesto hotel. Me acerqué a la acera y salí del coche con dificultad. Cuando intenté enderezarme, estuve a punto de caerme. Con cada paso que daba, el dolor me paralizaba.

—Por favor... pide al empleado del hotel... un tablero contrachapado para ponerlo debajo del colchón. Oh... —apreté los dientes cuando me invadió una nueva descarga de dolor—. Tengo que ponerme en posición horizontal.

—Voy a llamar también a un médico —respondió Azim.

El médico local me ayudó con algunos calmantes musculares y analgésicos antiinflamatorios. Pero después de tres noches mi condición no mejoraba.

«Id... por todo el mundo», la intrépida imagen que había visto décadas atrás era tan clara y vívida como siempre. No quería permitir que Satanás ni cosa alguna

---

1 Véase más sobre este acontecimiento en: Loren Cunningham, *Cómo triunfar con Jesús: los secretos de la victoria espiritual.* (Editorial JUCUM, 2019).

me impidiera obedecer a Dios. Según el razonamiento humano, debería haber buscado una forma de salir de allí, pero mis pensamientos y emociones se centraron en la misión que Dios me había encomendado. Azim fue a la frontera para ver qué podíamos hacer. Y cuando regresó, me dijo:

—Loren, lamento informarte que las tropas se están concentrando en la frontera. Al principio pensé que era la guerra. Pero no, son ejercicios militares.

Comenté con él la idea de ir en caravana de camellos, helicóptero o barco, pero estas ideas también fracasaron. Mientras él buscaba posibles rutas, yo me puse a orar. «Señor, no lo entiendo. ¿Es el enemigo que intenta detenernos? Azim y yo estamos haciendo lo que podemos. Señor, ¿hay algo que hayamos pasado por alto? ¿Algo que quieres que aprenda? Realmente no lo entiendo. ¿Por qué traerme hasta aquí para no dejarme entrar?».

Cuando Azim volvió, yo llevaba orando más de una hora. Me miró y negó con la cabeza. Le preocupaba que pudieran detenernos por intentar entrar por mar sin visado.

—Lo siento mucho —Azim se hundió en la cama.

—Está bien —le dije—, gracias por intentarlo.

Mis pensamientos seguían agitándose. Volví a cerrar los ojos y me concentré en Dios. «Señor, ¿me estás impidiendo el paso?». Esperé solemnemente y escuché a Dios. «Sí. Ahora levántate y vete a casa», me respondió.

Abrí los ojos de par en par, sorprendido. ¡Dios nos estaba deteniendo con esta crisis! Los ojos de Azim se volvieron hacia mí cuando me puse al borde de la cama. Apoyé los pies en el suelo y me impulsé hacia arriba.

Azim se maravilló al ver que me levantaba tan rápido. Me erguí por primera vez en tres días. Esbocé una amplia sonrisa cuando noté que el dolor había remitido. Ya no sentía hinchazón en la espalda.

Azim me miró sorprendido mientras me ponía la camisa y me preparaba para salir.

—Dios nos está bloqueando —le dije—. Me ha dicho que me vaya a casa.

—¿A casa? —preguntó Azim.

—Sí, vamos a volver —le dije.

Fuimos hacia el coche. Partimos y recorrimos el largo camino de vuelta hasta el aeropuerto de Túnez. Llegué al avión sin problemas. Ni siquiera hubo registros ni inspecciones especiales. Al mediodía ya estaba de vuelta en Suiza. El orador principal de un mitin de jóvenes había tenido que cancelar su intervención, por lo que llegué justo a tiempo para predicar a 1200 jóvenes. Cuando por fin llegué a casa, me senté a orar con Darlene. «Señor, ¿por qué me dejaste ir si no iba a poder entrar?», le pregunté.

Después de escuchar al Señor, abrí los ojos, miré a Dar y le dije que Dios había querido «ponerme a prueba para ver si estaba dispuesto a ir a la cárcel por Él». Y superé la prueba.

Dar sonrió y dijo:

—¡Creo que Dios te va a permitir entrar por la puerta principal!

«Por la puerta principal con un visado legal. ¡Una verdadera respuesta a la oración!».

Al día siguiente, emprendí un largo vuelo a Bután para reunirme en secreto con líderes cristianos. Mi espalda se mantuvo bien durante las conexiones aéreas y las duras carreteras de Bután. Volví a sentirme bien y a salvo. Pero me había quedado fuera de Libia por segunda vez. La puerta permanecía firmemente cerrada.

Algunas puertas permanecen cerradas por mucho tiempo. Después de que Dios dijera a Abraham: «Vete de tu tierra… a la tierra que te mostraré» (Génesis 12:1), transcurrieron varios siglos hasta que los israelitas tomaron posesión de la tierra prometida. Recordando a Abraham y a algunos de los grandes héroes de la fe, la epístola a los hebreos dice que hubo algunos que «aunque alcanzaron buen testimonio mediante la fe, no recibieron lo prometido» (Hebreos 11:39).

Algunas cosas que Dios nos dice que hagamos no pueden realizarse en toda una vida. Después de haber estado tan cerca, algunos se preguntaron si llegaría a Libia en esta vida. Al recordar la dolorosa lesión, veo que Dios me estaba poniendo a prueba. Podría haberle fallado. Había razones de peso para abandonar: la lesión, el peligro y las leyes que me obstruían el paso.

No puedo explicar por qué reaccioné como lo hice durante esa lesión. No buscaba una salida, sino un camino para seguir adelante. Es difícil de describir, pero hay veces en las que cada pensamiento y cada acción pueden centrarse en los propósitos de Dios.

Es la gracia de Dios. Como en una secuencia cinematográfica a cámara lenta, experimentas una conciencia total de lo que debes hacer. La gracia de Dios te permite hacer cosas que de otro modo serían imposibles. Las distracciones, las tentaciones y los temores habituales se atenúan a medida que se ilumina ante ti el camino de Dios.

No siempre siento esto, y no puedo hacer que suceda. Las ocasiones esporádicas en que he experimentado esta gracia fue cuando obedecí activamente los propósitos de Dios. La gracia estaba presente cuando la necesitaba absolutamente para hacer lo que Él me había mostrado. Como esa gracia, muchos caminos de Dios son solo aparentes mientras se cumplen sus propósitos. Aquel tiempo de agonía en el desierto me lo enseñó, pero Libia había vuelto a eludirme. Aun así, sabía que la luz de Dios me iluminaba el camino. Sabía que pronto iría a Libia.

13

LIBIA, MI ÚLTIMA FRONTERA

A finales de la década de 1990, Gadafi seguía gobernando Libia con vara de hierro. En 1998, el Global Terrorism Overview (Panorama Global del Terrorismo), en Estados Unidos, incluía a Libia entre los cinco países implicados en terrorismo patrocinado por el Estado. Debido a su apoyo decidido a terroristas palestinos, las Naciones Unidas y Estados Unidos ahogaban la economía libia con sanciones comerciales y penalizaciones financieras.

Ante la imposibilidad de viajar a Libia, llamé a un amigo que trabajaba en la Cámara de los Lores británica. «¿Hay alguna manera de entrar actualmente en Libia?», le pregunté. Él me dijo que lo intentaría. Y me llamó pocos días después.

—Loren, el gobierno libio ha rechazado tu última solicitud. No sé qué más puedes hacer para entrar en el país.

Así que esperé y oré. No hubo cambios en el bloqueo de Libia hasta el 5 de abril de 1999, cuando su gobierno entregó finalmente a los sospechosos del vuelo de Pan Am que explotó sobre Lockerbie, Escocia, en 1988. Los acusados serían juzgados en Holanda. Las Naciones Unidas suspendieron las sanciones tras la medida del gobierno libio. A continuación, Gran Bretaña renovó rápidamente sus relaciones diplomáticas con Libia.

Desde Suiza, seguí ávidamente todas las noticias sobre Libia. Llamé a la embajada libia en Suiza. Por primera vez, pudieron ayudarme. Me pusieron en contacto con una agencia de viajes dispuesta a «auspiciar» mi visita al país. Después de tantos años de intentos fallidos y decepciones, intenté no hacerme demasiadas ilusiones.

Dos obreros de JUCUM, Magdy de Oriente Medio, y Markus de Europa, aceptaron viajar conmigo a Libia. Seríamos un equipo de tres. En el campus de JUCUM en Lausana, informamos al personal y a los estudiantes del viaje que pensábamos hacer para que nos apoyaran en oración. Estando reunidos para orar por Libia, una joven colombiana compartió que Dios le había dado una visión. Vio tres hilos de un collar unidos. Uno de ellos se rompió y cayó al suelo. Y dijo: «Magdy, creo que tú eres la hebra que podría caer». Todos comprendimos que debíamos orar especialmente por Magdy. Tenía sentido: como creyente de Oriente Medio, era más vulnerable que Markus o que yo.

El precio de su causa

Incluso teniendo el visado y el billete en la mano, sabía que no llegaría a Libia sin la ayuda de Dios. El país llevaba treinta años en manos de un dictador brutal. En

1998, las Naciones Unidas informaron de denuncias persistentes: uso sistemático de la tortura y penas o tratos crueles, inhumanos y degradantes. Eran tiempos oscuros para Libia. Sabía que nuestras oraciones eran cruciales.

Para cumplir los propósitos de Dios, a menudo has de enfrentarte a personas y espíritus que se le resisten. Las tinieblas que hay que afrontar suelen estar atrincheradas en el gobierno, el entretenimiento, la educación o la ciencia. Si vives los propósitos de Dios, te enfrentarás a la oposición de las autoridades en todos los ámbitos de la sociedad, inclusive de la religión.

La mayor oposición de Jesús no vino de las autoridades romanas, sino de los líderes religiosos. Jesús desmontó sus interpretaciones legalistas de las leyes divinas sobre el sábado,[1] los gentiles,[2] las enfermedades (lepra)[3] y la pena capital (adulterio en Juan 8:1-11). Quebrantó la letra de la ley al tiempo que defendió el espíritu de la ley. Esto enfureció a los fariseos y saduceos, quienes presentaron falsos cargos contra Jesús. Sus mentiras acabaron con su vida. Por tanto, debemos entregar nuestra vida sin reservas a los propósitos de Dios. No podemos vivir como Jesús sin estar dispuestos a morir como Él. Cuando pides que se cumpla la voluntad de Dios, pídele que examine tu propia voluntad. Pregúntale: «¿Estoy dispuesto a pagar el precio?».

Si infringes una ley, tradición o costumbre cultural, prepárate para recibir un castigo. No importa que infrinjas la ley por una motivación piadosa. Aun así, tendrás que pagar las consecuencias.

1 Marcos 2:27
2 Romanos 15:8-9
3 Marcos 1:40-41

Cuando Jesús se enfrentó a Pilato, no se defendió. Asombrado, Pilato le instó:[4]

—¿No sabes que tengo autoridad para crucificarte, y que tengo autoridad para soltarte?

—Ninguna autoridad tendrías contra mí si no te fuese dada de arriba —respondió Jesús.

Con esto, Jesús pudo dar a entender que, como gobernador, Pilato tenía autoridad para ejecutarle. Dios guio a muchos líderes espirituales a quebrantar normas, incluso las suyas. Ezequiel ingirió «comida impura».[5] Pablo se opuso a los que enseñaban a los gentiles a circuncidarse. Dios incluso le dijo al profeta Isaías que protestara contra la alianza de Israel con Egipto quedándose desnudo en la corte real varios años.[6]

Una vez que conocen la voluntad de Dios, los profetas y los apóstoles se preparan para el sacrificio. Ya encarcelado, Jeremías compró un campo en territorio enemigo.[7] Pablo regresó a Jerusalén, sabiendo que se enfrentaba a la persecución.[8] Salvo Juan, los primeros apóstoles murieron por causa de su fe. No obstante, Juan también pagó el precio por seguir a Cristo. El *Libro de los Mártires* de John Fox aporta un relato de la Iglesia primitiva. «Fue enviado de Éfeso a Roma, donde se afirma que fue echado en un caldero de aceite hirviendo. Escapó milagrosamente, sin daño alguno».[9]

Esteban se enfrentó valientemente a la muerte, diciendo: «...vosotros resistís siempre al Espíritu Santo; como vuestros padres, así también vosotros. ¿A cuál de los profetas no persiguieron vuestros padres?

4 Juan 19:10-11
5 Ezequiel 4:12
6 Isaías 20
7 Jeremías 32
8 Hechos 21:13
9 John Fox. *El libro de los mártires* (Editorial CLIE, 1991), p.25

Y mataron a los que anunciaron de antemano la venida del Justo, de quien vosotros ahora habéis sido entregadores y matadores» (Hechos 7:51-52).

Esteban pagó el precio. Nuestros misioneros de JUCUM están pagando el precio cada día más, a medida que los días se oscurecen. Para vivir como Jesús, debemos estar dispuestos a hacer otro tanto.

Discernir y vencer

Las confrontaciones que había sufrido en el norte de África me convencieron de que, aparte de personas, había algo que se oponía al plan de entrar en Libia. El miedo y la violencia en el país, por esa época, eran diabólicos.

Necesitaba aprender a superar ese tipo de oposición. Para mí, las dos cosas más importantes son discernir espiritualmente lo que está sucediendo y confrontarlo de frente. Uno tiene discernimiento espiritual cuando reconoce que hay una realidad espiritual detrás de lo que ocurre. Puede ser algo concreto, como saber exactamente cómo orar por alguien que tiene un espíritu suicida. También es posible discernir algo más general, como experimentar el Espíritu Santo o sentir una presencia demoníaca. Si sigues tropezando en obstáculos desde hace mucho, pide a Dios discernimiento. Pídele que te muestre si has renunciado a tu autoridad y cedido al pecado. Él te responderá y te restaurará si le buscas sinceramente.

Cuando orábamos por Libia, Raquel, nuestra amiga colombiana, oyó de Dios que Magdy sería atacado y supimos que debíamos prestar atención a tal advertencia. Una vez en Libia, oramos diariamente para discernir cómo el enemigo trataría de detenerle.

El segundo elemento importante es confrontar al enemigo en un espíritu opuesto. A lo largo de la vida de Jesús, Él hacía y decía cosas opuestas a lo que esperaba la gente. Pidió al joven rico que vendiera todo lo que poseía. Este hombre esperaba ser recompensado por su piedad, pero fue desafiado a librarse de la codicia.[10] Jesús se encontró con un hombre endemoniado y le preguntó: «¿Cómo te llamas?». Los demonios no respondieron con un nombre. Dijeron que eran «legión, porque muchos demonios habían entrado en él». Las legiones romanas se contaban por miles. Nadie podía encadenarlo. Jesús le otorgó la verdadera libertad con una palabra tranquila, tratando al endemoniado con dignidad y atención personal.[11]

Jesús sabía exactamente cómo silenciar a los poderosos y sacar a la gente de la apatía. Les pidió que oraran por quienes les ultrajaban y perseguían, y que volvieran la otra mejilla si acaso alguien le heria.[12] Les explicó cómo actuar de manera opuesta a la del mundo. El mismo principio de poner la otra mejilla se aplica también en el cumplir los propósitos de Dios. Se trata de actuar y reaccionar de manera opuesta.

Los propósitos de Dios son alcanzables cuando uno discierne las tácticas del enemigo y actúa en un espíritu opuesto. En lugar de tratar de combatir fuego con fuego, debemos seguir el ejemplo de Jesús y exhibir el espíritu opuesto.

En Libia, esto supondría oponerse a la intimidación con amabilidad. Si nos enfrentábamos a la injusticia, tendríamos que actuar con gracia para superarla.

---

10 Mateo 19:21
11 Mateo 5:1-20
12 Mateo 5:38-48

14

POR LA PUERTA PRINCIPAL DE LIBIA

Esa mañana terminamos nuestros preparativos. Después, en Zúrich, embarcamos en un avión rumbo a Trípoli (Libia). Tras lo sucedido en los anteriores intentos, parecía demasiado fácil tener un visado y volar en un espacioso Airbus de Swiss Air. Pero allí estaba yo, pocos días después de obtener permiso para entrar en el país. En el aeropuerto de Trípoli, guardando cola con mis dos amigos, esperando a que un funcionario estampara el sello de Libia en nuestros pasaportes.

Los recuerdos de toda una vida se agolparon en mi pensamiento cuando me di cuenta de que lo había conseguido. Grupos silenciosos de libios pasaban rápidamente la inspección. El joven de ojos ámbar que había visto antes vigilaba la fila de llegadas.

Tuvimos que esperar a que los funcionarios terminaran de revisar nuestros documentos. Un funcionario me miró atentamente mientras hojeaba las páginas de mi pasaporte. Introdujo datos en el ordenador y me señaló otra fila para visitantes extranjeros. Magdy, Markus y yo avanzamos en la cola y nos topamos con un guardia de aspecto severo que empezó a hablar enérgicamente en árabe. Magdy se quedó boquiabierto mientras el guardia gritaba duras instrucciones. Entonces Magdy respondió en un tono que parecía una protesta en árabe.

El guardia señaló severamente un cartel que decía «cambio». El adolescente que vigilaba la fila vio el arrebato y huyó.

—¿Qué está pasando? —pregunté a Magdy.

—Quiere que cada uno de nosotros cambiemos 1 000 dólares en dinares libios. — Magdy señaló un cartel que habían colocado—. ¡Pero mira el tipo de cambio! Es un truco. Si lo hacemos, nos robarán mucho dinero. Además, ni siquiera tenemos 3000 dólares.

El funcionario volvió a levantar la voz y exigió que cambiásemos el dinero. Magdy respondió lo más cortesmente que pudo, pero se resistió a las exigencias de aquel hombre. En ese momento, el funcionario repitió las últimas palabras de Magdy, gritando cada vez más alto.

Magdy palideció ante la furia del guardia. Markus y yo nos miramos como diciendo: «¿Y ahora qué?».

El funcionario siguió despotricando en árabe y señaló el avión en el que habíamos llegado. «¿Pretende enviar a Magdy de vuelta?». Entonces Magdy reaccionó con una sonrisa confiada y un tono tranquilo. Asintió con el hombre y señaló la cabina de cambio.

Acercándose a nosotros, Magdy nos dijo:

—¿Qué podemos hacer? ¿Tenemos 1000 dólares para cambiar?

Después de un rápido recuento, nos dimos cuenta de que solo teníamos suficiente dinero para uno de nosotros. Volví a recordar la visión de Raquel. «Nuestra tercera hebra se está rompiendo».

Le miré y le susurré:

—Discúlpate con él y oraremos. —Magdy se acercó lentamente al hombre y empezó a disculparse en árabe. Levantó ligeramente las manos y pidió perdón al funcionario. Markus y yo oramos en silencio.

El guardia asintió con la cabeza, aceptando las palabras de Magdy. Aliviado, exhalé lentamente. Cambiamos el dinero que teníamos y el funcionario nos hizo pasar por la aduana sin más incidentes.

Cuando salimos de la zona de inspección, le pregunté a Magdy:

—¿Por qué estaba tan enfadado ese fulano?

—Bueno, cuando me dijo que cambiara el dinero por ese tipo de cambio ridículo, le dije: «Pero es injusto». Resulta que la palabra árabe es más fuerte que en español. En árabe, significa algo así como: «Estás quebrantando el mandato de Dios». Así que gritaba y me preguntaba: «¿Vienes aquí a enseñarnos qué es justo y qué no es?».

—Ya veo... ¿y qué le dijiste que se tranquilizó? —pregunté a Magdy mientras seguíamos caminando hacia la sala de espera. Magdy volvió a sonreír.

—Me disculpé y le dije: «Usted y yo somos hermanos árabes. De ninguna manera quería insultarle».

Al llegar a la sala de espera, Magdy se detuvo y dijo:

—El hombre me dijo: «Sí, somos hermanos árabes. Solo que estos dos deben cambiar 500».

—Ah, así fue como pasamos —exclamé mientras permanecíamos sentados en una sala de espera vacía. Organizamos nuestro equipaje y esperamos al agente de viajes que había patrocinado nuestros visados. El gobierno libio recurría a tales patrocinadores, o guías, como pretexto para espiar a los nuevos visitantes. Nadie podía pasear libremente por el país sin la compañía de un patrocinador.

Al cabo de un rato, miré el reloj. Ya había pasado una hora desde nuestra llegada. El agente de viajes seguía sin aparecer. «¿Quizá el adolescente que vigilaba en la cola avisó a su padre, el agente, para que no viniera?».

—Vámonos —dije—. Seguro que la discusión con el funcionario asustó a nuestro patrocinador. Además, podremos hacer más cosas sin que nos vigilen.

Cargamos las maletas en un taxi y nos dirigimos al hotel que había reservado la agencia de viajes. En la recepción, Magdy habló en inglés con el director del hotel:

—Hola. Tenemos una reserva para tres personas a nombre de Magdy Khaleem. ¿Podemos registrarnos?

El recepcionista examinó las reservas un rato antes de levantar la vista:

—Lo siento, señor, pero parece que no tenemos ninguna reserva con este nombre. ¿Está seguro de que este es el hotel y la reserva correcta?

—Sí —respondió Magdy—. Estoy seguro.

—Lo siento, pero no hay reserva y todas las habitaciones están ocupadas. —El hombre se encogió de hombros. Yo le hice un gesto a Magdy para que se acercara.

—Quizá el agente tenía miedo y canceló nuestra reserva. Vayamos a otro hotel.

Pedimos un taxi y fuimos a buscar otro hotel. Encontramos uno con plazas libres y nos registramos. Salimos al balcón para charlar. Me habían advertido que la policía secreta libia colocaba micrófonos en todas las habitaciones de hotel.

—Es mucho mejor estar aquí y no tener que preocuparnos del patrocinador —dije a los chicos. Markus asintió:

—Como estamos en otro hotel, probablemente las autoridades no sepan dónde estamos.

—¡Deberían haber visto lo que decía un periódico en el aeropuerto! —dijo Magdy.

—¿Qué decía? —preguntó Markus.

—Los titulares eran de locura. Decían que el mundo aplaudía a Gadafi por negociar la paz en Yugoslavia. Ridículo —sentenció Magdy.

—La propaganda de Gadafi —comenté con una risita—. Vamos a buscar algo de cenar.

Empezamos a caminar juntos por las calles de Trípoli, a la luz del crepúsculo, en busca de un restaurante. Caminando por una acera sumida en la penumbra, Markus y yo íbamos conversando. A una manzana de distancia, un coche atravesó a toda velocidad un cruce y se dirigió a toda velocidad hacia nosotros. De repente, Markus cayó en un agujero de un metro de profundidad junto a la calzada. Al caer, Markus se inclinó hacia la calle. El coche aceleró hacia el agujero. En un instante, pasó por donde Markus había caído. No le dio en la cabeza por unos centímetros.

—¡Estoy bien! —exclamó Markus riendo. Magdy le ayudó a levantarse.

—Es increíble que el impulso no me lanzara contra el coche. Gracias a Dios, aterricé perfectamente sobre los dos pies.

Al día siguiente, desayunamos en el restaurante del hotel. Con el tipo de cambio que habíamos pagado en el aeropuerto, el desayuno nos costó el equivalente a 127 dólares, por un trozo de pan, un plátano, un huevo y una taza de té. Dimos gracias y comimos juntos. La única manera de que el dinar rindiera más, era comiendo menos. Era imposible cambiar divisas con un traficante de mercado negro.

Ese mismo día, Magdy me dijo que un hombre que vivía en Trípoli, a quien llamaré Azwari, había venido a verle. Me dijo que le preguntó si conocía Juventud con una Misión. Cuando el visitante le dijo que sí, Magdy le preguntó:

—¿Sabes quién es el fundador?

Azwari contestó que sí y Magdy le dijo:

—Está ahí arriba.

—¿Cómo ha entrado en el país? Es imposible —susurró Azwari.

Salieron rápidamente del hotel para evitar que les oyeran. Magdy le explicó la situación y quedó en verse con Azwari al día siguiente, en las ruinas romanas de Sabrata.

Por la mañana, nos reunimos en las ruinas de un antiguo teatro romano. Escuchamos a Azwari hablarnos de Libia:

—Hay tres cosas importantes para los que nos criamos en Libia: la comida, la bebida y el temor. Libia ha estado controlada durante siglos. Fue gobernada por griegos, romanos, bizantinos e italianos. Y ahora tenemos a Gadafi.

Al día siguiente, quedamos con Azwari cerca de un hospital. Saqué una pequeña cámara e hice algunas fotos cuando Azwari pasó en un coche y gritó por la ventanilla:

—¡Nos vemos al doblar la esquina!

Doblamos la esquina y llegamos hasta el lugar donde él había aparcado. Antes incluso de saludarnos, Azwari nos advirtió:

—¡Nunca saquen fotos aquí! —Mientras nos alejábamos, nos explicó—: Es ilegal tomar fotos en lugares no designados. El patrocinador tiene que indicarte dónde se puede hacer fotos.

Me sorprendió que aún no hubiéramos visto ni oído nada del padrino que debía guiarnos. Condujimos por Trípoli y pedimos que se hiciera la voluntad de Dios en todos los ámbitos de la sociedad: empresa, educación, iglesia, medios de comunicación, arte, familia, ciencia y gobierno.

Pasamos junto a una antigua catedral erigida por los italianos.

—Los únicos libios a los que se permite asistir a iglesias son a los de la policía secreta. Van a todas las ceremonias religiosas. Esta catedral sirve ahora para formar a los misioneros islámicos que van por todo el mundo.

Azwari nos condujo frente a un solar vacío en un suburbio de Trípoli.

—Uno de los principales funcionarios de Gadafi ni siquiera había discrepado con él, solo añadió una sugerencia a sus instrucciones. Por eso lo mataron, y su casa fue arrasada antes de que su familia pudiera siquiera recoger sus pertenencias. La familia fue afortunada porque conservaron la vida.

Azwari nos dio una vuelta por la ciudad.

—¿Podrían orar contra las injusticias que se cometen en Libia? —nos rogó Azwari—. Nuestras cárceles están llenas de extranjeros acusados injustamente. Basta con que un libio acuse a un extranjero para que lo encarcelen. Por ejemplo, si alguien no quiere pagar a un trabajador extranjero de la India o de Filipinas, solo tiene que decir que toma drogas. El empresario puede deberle un año de salario, pero el trabajador va a la cárcel y así no le tiene que pagar. Y luego contrata a otro extranjero incauto.

Al pasar delante de una universidad nos contó que la hija de Gadafi decidió estudiar Derecho. Por ese motivo, la parte mixta de la universidad tuvo que convertirse en universidad para mujeres durante cuatro años. Y algunos jóvenes en el último año de carrera tuvieron que desplazarse centenas de kilómetros para terminar sus estudios en otra.

—¿Cómo reaccionaron los estudiantes? —preguntó Markus.

—Vivimos en un país donde nadie reacciona —respondió Azwari.

—Cuando era adolescente, no podía presentarme a exámenes ni terminar la carrera si no presenciaba una ejecución —Azwari apartó su mirada—. Cuando yo estudiaba en la escuela secundaria —continuó Azwari—, cinco universitarios se atrevieron a decir que había una forma mejor de hacer algo en su universidad. Por ello, fusilaron a una joven y colgaron a cuatro varones. Sus padres y familiares fueron obligados a observar el suplicio. Suplicaron por la vida de sus hijos. No sirvió de nada. —Se le saltó una lágrima en el rabillo del ojo—. Todavía tengo pesadillas... Un chico no murió de inmediato cuando lo colgaron. Le tiraron de las piernas para acabar con él. —Azwari aparcó el coche y se frotó los ojos lentamente—. Aprendes a no reaccionar.

Después de un rato, volvió a hablar:

—Hace tres años ejecutaron a tres jóvenes de 19 años por navegar por internet. Pero nadie pudo objetar nada. Los estudiantes y otras personas fueron obligados a presenciar el espectáculo.

Paramos delante del hotel.

—Mañana por la noche quiero llevarle a conocer a algunos creyentes —dijo Azwari. Yo asentí con la cabeza mientras él ponía el coche en marcha. La realidad de la situación libia empezaba a pesarme. ¿Qué querría Dios que compartiera con la gente al día siguiente?

Antes de la reunión, dimos una vuelta por el barrio para asegurarnos de que no nos seguían. Esa noche, nos juntamos en una casa, en las afueras de Trípoli, donde Azwari había citado a siete personas clave en un aposento alto. Al entrar, uno de los hombres me reconoció.

—¡Loren! Es usted —exclamó—. Nos da mucha esperanza que haya venido.

Empezamos orando por Libia. Después de ver la capital y oír las estremecedoras historias de Azwari, nuestro equipo se sintió impulsado a orar fervientemente. «Señor, ¿liberarás a estas personas del engaño y la injusticia en que viven?», oró Magdy.

Después de orar, los presentes empezaron a describirnos la nación de Libia. Sus corazones estaban agobiados por la injusticia y la oscuridad espiritual.

—¿Qué podemos hacer? Si hablamos, moriremos. Si nos callamos, el mal continuará —se explicó un individuo con cara de frustración. Entonces, el hombre que dirigía la reunión me invitó a hablar al grupo.

Empecé contándoles mi visita a la mezquita de Asia Central, donde me había arrepentido en nombre de los cruzados cristianos. Les conté que un enfadado clérigo musulmán me había ofrecido uvas como símbolo de reconciliación. «El perdón y la reconciliación eliminan las barreras para conocer a Jesús», les dije.

Entonces, uno de los presentes confesó:

—Estoy de acuerdo. Mi familia pasó varias semanas en Turquía pidiendo perdón por las Cruzadas. Es imprescindible.

—Así es —dijo nuestro anfitrión—, voy a empezar a pedir perdón a la gente.

Seguí contando al grupo que una vez sobrevolé la selva amazónica. Otro pasajero, el presidente del Fondo Mundial para la Vida Silvestre, me explicó que las selvas tropicales suelen tener suelos pobres que solo se renuevan con el mantillo de las plantas y árboles caídos. Si se destruye el verdor de un bosque, cesarán las lluvias, se convertiría en un desierto. La propia vegetación atrae la humedad y da vida.

—Como ven, su presencia es como el verdor espiritual que atrae la bendición de Dios a la tierra. Ustedes son la fuente de bendición para Libia.

Me hablaron de un libio que fue uno de los primeros creyentes.

—No tengo miedo a morir por causa de mi Salvador Jesús. Únicamente me siento mal porque matarán a mi familia cuando sepan que me he hecho cristiano —les dijo. Esta declaración resonó en mis oídos mientras el grupo esperaba mi respuesta.

Me dirigí a ellos y les dije:

—¿Saben que la palabra *cristiano* solo aparece una vez en la Biblia? Tan solo afirma que en Antioquía es donde por vez primera fueron llamados «cristianos». La Biblia no dice que vayamos por todo el mundo a predicar el cristianismo. ¿Qué significa esta palabra? Para unas personas significa una cosa y para otras, otra. Para muchos, evoca connotaciones culturales que no tienen nada que ver con el evangelio.

Azwari añadió:

—Efectivamente, yo soy el primer cristiano que mis amigos musulmanes han visto en su vida. En Navidad me dijeron: «¡Ya sabemos lo que hacen ustedes los cristianos! Se emborrachan y se acuestan con mujeres. Eso es lo que hacen los cristianos en Navidad». Yo les dije: «Yo no hago eso porque conozco a Jesús».

Y yo les dije con una sonrisa:

—¡Exacto! Cuando oyen la palabra «cristiano», piensan en cruzadas, bombardeos, corrupción o inmoralidad. Y cuando les dices: «Soy cristiano», ellos dicen: «Sí, hemos oído hablar de ustedes». Pero cuando les hablas de Jesús, se le respeta como verdadero profeta, incluso en el Corán. Y los profetas solo dicen la verdad. De manera que puedes afirmar: «Estas son las enseñanzas de Jesús. Yo le sigo a Él y sigo sus enseñanzas».

Al darse cuenta, el líder abrió los ojos de par en par. Y añadí:

—Dios ha dado a esta nación un destino. Y ustedes pueden empezar a cumplirlo.

Entonces, una persona se levantó y declaró:

—¡Conozco parte del destino de Libia! Es la compasión. Después de haber sido tan maltratados, los libios tienen compasión por otros que también han sido maltratados.

Yo asentí con la cabeza. Pocos minutos después concluí mi mensaje y nos levantamos para marcharnos. Pero justo antes de partir, Azwari explicó al grupo:

—Este es el último país que visita Loren. Ya ha sido misionero en todos los países del mundo.

Y un hombre exclamó:

—Esta es una señal de Dios —y señalando al resto del grupo dijo—: Creemos que Dios está indicando que muy pronto llegará el gran avance.

—¡Creo que tiene razón! —respondí.

Al término de la reunión volvimos al hotel llenos de alegría. Cuando finalmente tomé el vuelo a casa, sentía nuevas esperanzas y expectativas sobre lo que Dios haría en Libia y en el mundo musulmán.

15

JESÚS ESTÁ VENCIENDO

En Libia, en 1997, completé mi misión de visitar todas las naciones y países dependientes, pero no la misión de mi vida. Hasta el final, ¡hay todavía más!

Los pasos que he dado en la misión cobraron importancia gracias a los muchos obreros de Juventud con una Misión que asumieron el precio y respondieron al llamado. Muchos equipos de JUCUM y otros seguidores de Jesús han demostrado el amor de Dios en todos los países. Pero nuestra misión dista mucho de haberse completado. Cada nuevo niño que nace en este mundo merece la oportunidad de conocer lo que Cristo hizo por él o ella en la cruz. Y solo lo sabrán si nosotros vamos.

En todos los rincones del mundo, incluso en lugares tenebrosos y no alcanzados, como Libia, hay remanentes de creyentes. Algunas estadísticas aseguran que hay países sin un solo creyente en Jesús. Se estima que Bután, el «reino ermitaño» que se opuso violentamente al evangelio, contaba con un 0% de creyentes entre sus habitantes en 1985. Había un remanente, pero estaba oculto. Conozco creyentes butaneses y de todos los países del mundo.

Así pues, ¿no ha sido alcanzado todo el mundo? ¿No hemos completado la gran comisión de Jesús si hay creyentes en todos los países? Claramente, no.

Queda mucho por hacer. Lo sabemos porque dos versículos de Apocalipsis aseguran que toda tribu, lengua, pueblo y nación[1] estarán alrededor del trono de Dios. Lo que aquí se traduce como «nación» procede de la palabra griega *ethne*, cuya traducción más exacta sería 'etnia' o 'grupo étnico'. Todavía no conocemos todas las tribus del mundo. La Palabra de Dios promete que todos los grupos étnicos, con distintas costumbres y lenguas maternas, serán alcanzados.

Hay más personas actualmente vivas que las que vivieron desde Adán hasta principios del siglo XX. En esta década habrá más de ocho mil millones de personas en la tierra, de las cuales, miles de millones nunca han oído el mensaje de Jesús.

La velocidad de las tinieblas

El evangelio se está extendiendo por Asia, África e incluso Oriente Medio. Me he reunido con testigos que aseguran haber visto un avivamiento espiritual en China e Irán. Aunque afrontamos muchas dificultades en Asia y Oriente Medio, las buenas nuevas de Jesús están siendo predicadas. Sin embargo, ¿no se nos ha advertido que las cosas empeorarán hasta que Jesús venga? Mucha gente no cree que Jesús esté o deba estar

---

1 Apocalipsis 7:9

venciendo hasta el final. Hay una escuela de pensamiento que afirma que los creyentes deberían esconderse de la destrucción al final de los tiempos y no tratar de vencer cumpliendo la gran comisión. Esta visión temerosa de la profecía bíblica a menudo se representa en películas apocalípticas y ominosas novelas que narran el fin de los tiempos. Pero no parece tener en cuenta el panorama general. Al final vence Jesús, no el Anticristo. «La tierra será llena del conocimiento de la gloria de Jehová» (Habacuc 2:14a). Aunque la oscuridad se intensifique, la luz de Jesús se extenderá incontrolablemente.

Jesús dijo: «Yo vengo pronto»,[2] así que no tendremos miedo. El miedo se opone a la fe. Una correcta comprensión de las Escrituras inspirará fe y confianza en Dios, no temor. Dios no teme a Satanás ni a ningún anticristo. El libro de Apocalipsis anuncia que Jesús vencerá al enemigo. No podemos permitir que esto cambie nuestra forma de pensar. Los creyentes deben cuestionar toda enseñanza aparentemente bíblica que paralice a la gente con temor o la seduzca con apatía.

Apocalipsis describe desastres, guerras y persecución por parte del enemigo. Pero también asevera que los creyentes vencerán al enemigo «por la sangre del Cordero y por la palabra de su testimonio» (Apocalipsis 12:11a). Los creyentes vencedores son hombres y mujeres sin temor que no aman tanto su vida como para acobardarse ante la muerte. No se encogen de miedo.

Estas escrituras retratan un grave conflicto, pero no una fatalidad. Representan dos extremos de luz y oscuridad. Cada bando está creciendo. A medida que la gran comisión se acerca a su final, el mundo se está

---

2 Apocalipsis 22:12a

polarizando. Del mismo modo que los individuos que rechazan el evangelio se hastían, las naciones también pueden endurecerse al amor de Dios. Y tal como algunos individuos responden a la gracia de Dios, en algunos países, multitudes se vuelven a Cristo. A medida que se extiende el conocimiento de la gloria de Dios, la gente debe decidir: ¿luz o tinieblas?

El conocimiento de Dios empuja a cada persona al día en que deberá tomar una decisión. Muchos aceptarán a Jesús. Muchos lo rechazarán. Pero pocos optarán por la indecisión.

Todos oirán

Las Escrituras afirman claramente que el evangelio será predicado a todo el mundo. Algunos todavía contradicen esta misma idea. Un anciano de iglesia exhortó una vez a William Carey, pionero de las misiones modernas: «Joven, siéntese. Cuando a Dios le plazca convertir a los paganos, lo hará sin su ayuda ni la mía». Hoy día, algunos justifican su inacción diciendo: «El mundo está peor que nunca. Solo tenemos que aguantar hasta que Jesús retorne».

Por supuesto, Jesús viene pronto. Pero este hecho debe impulsar a la acción, no a la complacencia. Cuando Jesús describió el fin del mundo, declaró: «Será predicado este evangelio del reino en todo el mundo, para testimonio a todas las naciones; y entonces vendrá el fin» (Mateo 24:14).

Nótese el orden: Primero, el evangelio del Reino será predicado en todo el mundo. Luego vendrá el fin. Nuestro Dios tiene una capacidad ilimitada para ejercer poder sobrenatural. Él podría fácilmente asombrar, inspirar o incluso aterrorizar al mundo para que se someta, pero lo que Dios más desea es que la gente le elija a Él como Él nos eligió a nosotros. El Señor quiere personas que elijan amarle y cumplir sus deseos.

Dios escogió una manera más cercana y relacional de llamar a cada nación a sus brazos. Decidió enviar su mensaje a través de personas —personas como tú y como yo—. El Señor escogió encomendarnos este llamado, esta tarea crucial de llevar su mensaje al mundo.

La tierra será evangelizada por personas que se sacudan la complacencia. Su Palabra debe viajar a través de nuestros labios y nuestra vida. Entonces, finalmente llegará el término de la tierra, después de que el mensaje del amor de Dios haya llegado lejos. Toda nación, tribu, pueblo y lengua oirá el mensaje de Dios, «y entonces vendrá el fin» (Mateo 24:14).

Engaño pesimista y fatalista

Una de las mayores alegrías que he tenido a lo largo de mis viajes ha sido ser testigo de las señales de esperanza que se dan por todo el mundo. He tenido el privilegio de constatar que Jesús está venciendo. Muchos medios de comunicación hacen todo lo posible por propagar el temor y la animosidad que envuelven los acontecimientos mundiales. Debido a este pesimismo, es difícil para el público saber lo que está pasando.

Gracias a los misioneros de JUCUM, dispersos por todo el mundo, a menudo tenemos el privilegio de escuchar relatos de primera mano acerca de acontecimientos internacionales. La verdad puede ser muy diferente de los informes que difunden los medios de comunicación.

Una vez, iba conduciendo con unos jucumeros en Egipto, cerca de un museo, por el centro de la ciudad. No sentíamos ningún peligro, pero ese mismo día, un grupo terrorista puso una bomba en un autobús enfrente del museo. La bomba estalló y esparció metralla por todo el autobús. Afortunadamente, no mató a nadie ni causó daños importantes en el museo. Pero hubo algunos heridos que necesitaron de tratamiento médico.

El atentado no tuvo mucha repercusión. Pretendía matar y mutilar personas, y asustar a otras, pero mayormente fracasó. En El Cairo hubo más heridos en accidentes de automóvil en una sola hora de aquel día que por la explosión. Todo estaba tranquilo cuando pasamos delante del museo. Pero esa misma noche, en un reportaje gráfico, vi llamas salir del autobús y pasajeros heridos llorando y sangrando.

¿Había ocurrido el atentado? Sí. No había efectos falsos en las imágenes del video. Pero el despliegue informativo que se emitió presentaba a Egipto como una zona de batalla de extremistas. Al no mostrar la más amplia imagen de esa megaciudad imperturbable, el reportaje manipuló las emociones de los telespectadores y difundió un reportaje desequilibrado ante una audiencia mundial.

El mundo solo vio momentos de terror. Los espectadores no se dieron cuenta de que Egipto estaba bien y no había muerto nadie. Ese acto terrorista fallido tuvo éxito gracias a la cobertura mediática. Probablemente ahuyentó a turistas e inversores, lo que supuso un duro golpe para la economía egipcia. Esta es una historia entre muchas otras. Imaginemos el impacto combinado de un periodismo sesgado en la economía mundial y en el bienestar emocional de la gente.

Para percibir la esperanza de Dios para la humanidad, hemos de ser capaces de ver a través de las distorsiones y reconocer la verdad. Debemos abrir los ojos a una visión más amplia del mundo sin ceder al entumecimiento o al terror. ¿Cómo podemos ver el mundo desde una perspectiva piadosa?

Imagínate que estuvieras viendo jugar a tu equipo favorito por televisión. Pero en lugar de ver todo el partido, las cámaras solo se centran en el marcador del equipo contrario. Esto es lo que ocurre cuando leemos la mayoría de las noticias o vemos los telediarios.

«Si hay sangre, vende» ha sido el lema periodístico durante generaciones. Pero tal atención a la tragedia nos cercena al mirar los resultados del enemigo y ser incapaces de celebrar las victorias de nuestro bando. No sirve de nada desconectar las noticias. Es preciso saber lo que el mundo está viendo y pensando. Pero también necesitamos vislumbrar una imagen más completa de lo que Dios está haciendo a través de su pueblo. Una perspectiva más amplia es esencial para que puedan cumplir sus llamados. No es posible ver el mundo transformado hasta que no se ve tal como es. No se puede vivir una vida de fe si uno vive temeroso.

Para librarnos del miedo y del entumecimiento, debemos aprender a interpretar las noticias desde la perspectiva de la fe. Solo Dios tiene una visión completa de lo que ocurre en la tierra. Pero puede resultar difícil centrarse en Él mientras se recibe un flujo constante de noticias.

Una forma de mantener la concentración es hacer que las noticias te lleven a la oración. No debes cargar solo con tantas preocupaciones y afanes. Si pones el mundo en manos de Dios, estarás practicando tu llamado a la oración y marcando una verdadera diferencia.

Cuanto mejor entiendas su mundo, más eficaz serás en seguir los propósitos de Dios. Si vences el miedo con la fe, Dios puede confiarte cosas mayores. Todo beneficio duradero nace de la fe.

Evangelización por saturación

Cuanto más experimento el mundo, más claramente veo que Jesús no solo vencerá, sino que ya está venciendo.

La verdad de Dios se está propagando a través de las casas-iglesias clandestinas de Asia. Su mensaje se está difundiendo a través del Sat 7, satélite de televisión cristiana que transmite por todo Oriente Medio. Las películas de Create International comparten las buenas nuevas en idiomas y culturas locales. A través de la historia ha habido grandes divisiones e incluso guerras entre cristianos. Esto ha impedido el crecimiento de la Iglesia y ha alejado a muchos. Sin embargo, iniciativas como el Día Mundial de Oración, Call2All y Calling All Nations están sanando muchas divisiones. Los creyentes de todo el mundo atraviesan un periodo único de unidad y arrepentimiento. Este mundo herido está maduro para recibir las buenas nuevas de Jesús.

La Palabra está viajando más lejos y más rápido que nunca.

El evangelio está en el aire gracias a la aviación moderna.

Viajar a China le costaba meses al misionero pionero Hudson Taylor. Actualmente, las aerolíneas chinas vuelan regularmente a todos los continentes. Lo que antes llevaba meses, ahora solo es cuestión de horas. El rápido desarrollo de internet y de las megaciudades multiculturales ha abierto una ventana de tiempo única para la evangelización por saturación.

La mayoría de las naciones no alcanzadas de la tierra ya están conectadas (en línea). Con un dispositivo móvil, se puede chatear instantáneamente con personas no alcanzadas, por texto, voz o video. Incluso un viaje en avión es más lento que un texto o un chat en línea.

La velocidad de la comunicación personal con oyentes en lugares remotos ha pasado de meses a horas, y de horas a segundos.

Todos los países cerrados que censuran el evangelio y persiguen a los creyentes les obligan a ser inmigrantes de primera generación de sus propios pueblos por toda América y Europa. Están listos para ser alcanzados. Tiranos y terroristas empujan a multitudes de refugiados a esas ciudades. Pero lo que ellos concibieron para mal, Dios puede tornarlo en bien. Nos acercamos a los tiempos que Dios describió, diciendo: «Derramaré mi Espíritu sobre toda carne, y profetizarán vuestros hijos y vuestras hijas[...]. Y todo aquel que invocare el nombre de Jehová será salvo» (Joel 2:28,32).

¿Quién surfeará sobre esta ola impulsada por el Espíritu de Dios? ¿Quién vislumbrará las señales de los tiempos y sabrá lo que hay que hacer?

16

DESTINO DE UNO EN UN BILLÓN

A menudo se oye decir que hay que «pensar fuera de la caja». Pero ¿y si *viviéramos* fuera de la caja? Jesús no pronunció parábolas de manzanilla ni curaciones predecibles. Él sacudió las cosas. El Maestro rompió las fronteras entre lo establecido y los marginados: hombres y mujeres, judíos y gentiles, limpios y leprosos. Puesto que vivía perfectamente en la voluntad de Dios, ningún límite que los hombres le impusieran podía confinarle, ni siquiera la muerte.

A pesar de las multitudes enfurecidas y de los líderes religiosos traicioneros, Jesús no tuvo miedo a evadir sus exigencias. Con su ejemplo en mente, considera su propósito último en tu vida. ¿Para qué fuiste creado? ¿Te has comprometido a seguir su camino angosto?

Nadie puede cumplir el propósito de Dios si está atrapado en expectativas humanas o tradiciones vacías.

El genoma humano contiene tres mil millones de letras en el ADN, en un billón de combinaciones posibles, que le hacen a uno ser quien es. Si tenemos en cuenta riesgos o peligros de accidentes de tráfico, enfermedades mortales, delincuencia u otras desgracias, es un milagro que existas.

Dado tu origen incierto, con probabilidades de uno en un billón, no cabe duda de que Dios tiene una misión especial para ti. Los enemigos internos —como el temor, la incredulidad y la confusión— estorbarán su cumplimiento. Los enemigos externos actuarán para desanimarte y desviarte de los propósitos que Dios tiene para tu vida sobre la tierra.

Jesús nos advirtió: «Seréis aborrecidos de todos por causa de mi nombre» (Mateo 10:22a). La gente te atacará basándose en expectativas equivocadas, ideas erróneas arraigadas culturalmente u odio sin sentido. Si procuras salir de la mediocridad, habrá burlones a tu lado que intenten ponerte a su nivel. Es fácil rendirse, como hizo Pedro cuando negó a Cristo.[3] Es fácil canjear bendiciones a bajo precio, como la primogenitura que vendió Esaú por un plato de comida.[4]

La Biblia suele dar más detalles sobre los hombres y mujeres justos. Varios libros cuentan la vida de David, Pablo, Moisés, Samuel y otros. Pero el de Jueces contiene seis breves versículos sobre toda una generación de Israel. La Biblia alude a ellos diciendo: «Y se levantó después de ellos otra generación que no conocía a Jehová, ni la obra que él había hecho por Israel» (Jueces 2:10).

---

3 Mateo 26:69-75

4 Génesis 25:27-34

Es aleccionador examinar el vasto registro histórico que ofrece la Biblia y constatar cuántas personas fueron pecadores inconscientes que perdieron el sentido de la vida.

Las probabilidades están en contra tuya. Tu entorno es hostil. Jesús advierte: «Estrecha es la puerta, y angosto el camino que lleva a la vida, y pocos son los que la hallan» (Mateo 7:14).

Muchas personas nunca cumplen su misión. Se pasan la vida apaciguando a sus enemigos y dentro de sus muros. ¿Desperdiciarás horas, días, años o décadas de tu vida para complacer a tus enemigos? ¿O traspasarás las fronteras del mundo para cumplir la misión por la que fuiste creado?

En el vientre de tu madre, Dios te llamó. Te concedió dones para habilitar tu llamado. Tu destino radica en responder a su llamado. Por eso has nacido. Eres un regalo de Dios para todos nosotros y para todo el mundo. No rechaces lo que Dios proyectó que fluyera a través tu vida.

No importa cuánto tiempo lo hayas pospuesto. No importa lo oscura que se haya vuelto tu vida. Tienes un destino. No te lo pierdas.

Dios quiere purificarte para prepararte para su Espíritu. Cuando tu corazón esté listo, Él te llenará. Su Espíritu te capacitará para cumplir su propósito.

Pablo escribió a Timoteo: «...echa mano de la vida eterna, a la cual asimismo fuiste llamado» (1 Timoteo 6:12b). La vida eterna no espera la muerte. Buena o mala, la eternidad de cada persona ya ha comenzado. Depende de ti echar mano de tu llamado a la vida eterna.

En la tierra, escoges el camino que seguirás para alcanzar la eternidad. En la muerte, te encontrarás con ella. «Porque el Hijo del Hombre vendrá en la gloria de su Padre con sus ángeles, y entonces pagará a cada uno conforme a sus obras» (Mateo 16:27).

¿Cómo es tu eternidad? ¿Apasionante y santa o trágica y aterradora? La salvación es tu primera oportunidad de empezar a vivir tu destino eterno, el momento de empezar a vivir los sueños de Dios. Si no estás viviendo «la vida eterna a la que fuiste llamado»[5], arrepiéntete. Cambia ahora. Pide a Dios que te perdone y cambie tu corazón. Deja que Él te purifique, te llene de su Espíritu y te guíe hacia sus propósitos.

Dios no tiene límites: ni en la oración, ni en el dar, ni en el comunicar, ni en el ir. No hay límites en los dones y llamados que Dios te asignó en la concepción. Empiezas a cumplir ese propósito cuando entras por la puerta que Jesús nos abrió con la salvación. Es entonces cuando Dios comienza la santificación, el proceso de purificación que dura toda la vida. Jesús oró por todos los creyentes, pidió al Padre: «Santifícalos en la verdad; tu palabra es verdad» (Juan 17:17). Jesús mismo rogó para que fueras purificado. Dios está dispuesto a deshacer todas las cosas destructivas que nunca deseó para ti.

No hay nada que detenga los designios de Dios si te aferras a ellos en el Espíritu. Cada límite, cada mentira, y cada patrón de pecado pueden ser deshechos por el poder de Jesús. Todo lo que se diga o se haga en tu contra para frustrar las intenciones de Dios puede ser derrotado.

Jesús murió para que pudieras vivir sin temor y sin vergüenza. Su gracia puede capacitarte para emprender actos audaces dignos de su nombre. Su Espíritu te guiará a través de los detalles a medida que le escuchas.

---

5 1 Timoteo 6:12

No hay límites para los sueños que Dios tiene para ti. Puedes ir a cualquier parte y lugar, dice Él. Haz todo lo que Dios te pida hacer. Estás destinado a ser lleno de «toda la plenitud de Dios» (Efesios 3:19c). Estás perfectamente preparado para responder cuando el Maestro te diga: «Sígueme».

17

MI ÚLTIMO CAPÍTULO

A los 88 años, estoy siguiendo mi llamado hacia la eternidad. Caminando en su voluntad, alineado con su Palabra, no hay fin a lo que es posible. Continuará para siempre.

Nuestra perspectiva limitada solo acierta a ver retos, como completar la gran comisión o abordar el hambre en el mundo. Tratamos de sumarlo todo:¿cuántas Biblias?, ¿cuántas comidas?, ¿qué nos falta para terminar la tarea? En cambio, Apocalipsis 7 describe el paraíso venidero: gente ataviada de blanco en torno al trono de Dios; naciones, tribus y lenguas redimidas que alaban a Jesús. Será toda una multitud que nadie podrá contar, cada generación desde la madre Eva y el padre Adán hasta ti. Nunca más tendremos hambre, nunca tendremos sed.

La gente se pregunta: ¿Es este el tiempo en que regresará Jesús? Pero aún queda mucho por hacer.

Viendo a Jesús resucitado, los apóstoles le preguntaron en Hechos 1:6: «Señor, ¿restaurarás el reino a Israel en este tiempo?». «No os toca a vosotros saber los tiempos o las sazones, que el Padre puso en su sola potestad», les explicó. «Pero recibiréis poder, cuando haya venido sobre vosotros el Espíritu Santo, y me seréis testigos en Jerusalén, en toda Judea, en Samaria, y hasta lo último de la tierra».

Dios te diseñó cuando estabas en el vientre de tu madre. La Biblia lo declara. El Salmo 139:14 dice que estás hecho de una manera maravillosa. Estás dotado desde antes de nacer para hablar, has sido llamado desde el vientre como el profeta Isaías.[1]

Envuelve tu corazón con el deseo de tu Padre de tener una familia inmensa. ¡Ya somos parte de ella! Tenemos un hermano mayor, Jesús, nos anuncia Romanos 8:15. Llamamos a Dios Padre nuestro, Abba, papá. Como parte de la familia de Dios, somos llamados a gobernar y reinar con Cristo por siempre. Por eso debemos mirar las cosas que hacemos aquí en la tierra sin un límite temporal.

En 2010, Juventud con una Misión celebró cincuenta años de ministerio. Darlene y yo viajamos para reunirnos con el personal de JUCUM en cuarenta y cuatro lugares después de realizar 107 vuelos. Tuvimos grupos en Kona, Hawái, orando las 24 horas del día durante todo el año. Al finalizar ese año, después de tantos viajes, ni un solo avión sufrió un retraso de más de dos minutos. No hubo tormentas a las que sobrevivir, ni turbulencias terribles. Todo fue tranquilo y maravilloso.

En ese tiempo extraordinario, 32 000 personas se unieron a nosotros para firmar el Pacto del Jubileo

---

1 Isaías 49:1-2

de JUCUM.[2] Algunas no pertenecían al personal de JUCUM. La mayor parte del personal no pudo asistir y enviaron representantes a cada una de las 44 ubicaciones. Lo que era enorme para nosotros no representaba sino una ínfima parte de su gran familia.

El Padre no se refiere a nosotros como si fuésemos números. Habla de «todo el mundo» y de «todas las naciones».[3] Los «todos» de este mundo todavía no han oído. No se les ha presentado el evangelio de Jesús, la única manera de formar parte de la gran familia del Padre.

Consideremos las islas del Pacífico. En el océano Pacifico hay 1072 islas pobladas pertenecientes a Micronesia, Melanesia y Polinesia. En un solo país, Papúa Nueva Guinea, cuentan con 291 islas pobladas y 853 lenguas. ¿Cómo hacer llegar la Palabra de Dios en todas las lenguas? ¿Cómo llegar a cada tribu, a cada aldea? La única manera de hacerlo es multiplicándonos. La gente que tú alcances y enseñes es tu multiplicación. Ellos tocarán más corazones de los que tú jamás podrías tocar solo. Todas las naciones, tribus, pueblos y lenguas: esa es nuestra meta. Sin fronteras.

En el Pacifico hay más de 10 000 islas en las que viven millones de personas. Muchas están aisladas, sin

---

2 El Pacto del Jubileo de JUCUM tiene cinco puntos importantes:
I. Amar al Señor mi Dios con todo mi corazón, alma, mente y fuerzas, y amar a mi prójimo como a mí mismo (Marcos 12:30-21).
II. Buscar primero su reino y su justicia por encima de toda preocupación por mi propia vida y futuro (Mateo 6:25-34).
III. Servir a los demás sin otro motivo que mi amor a Dios (Juan 21:15-17).
IV. Tomar mi cruz y seguir a Jesús dondequiera que Él me guíe (Marcos 8:34-35).
V. Hacer todo lo posible, con el poder del Espíritu Santo obrando en mí, para cumplir la gran comisión en esta generación (Marcos 16:15).
Dicho pacto puede consultarse en la página de JUCUM <https:/ /ywam. org/about-us/jubilee-covenant.

3 Mateo 24:14, 28:19

puertos ni pistas de aterrizaje. Al sur de las islas principales de Japón, navegué mil kilómetros hasta el archipiélago de Ogasawara. No había vuelos para acceder allí, solo un largo trecho por mar. En dos de esas islas residen más de 2000 habitantes, pero solo hay una iglesia luterana, fundada hace generaciones por misioneros alemanes.

Tristán da Cunha es, sin duda, uno de los lugares más aislados del planeta. Para llegar allá había que ir al extremo sur de África y luego al oeste durante una semana en un bote de correo, que zarpaba una vez al año. Yo viajé en él. Gracias a la invitación de un pastor local, me permitieron desembarcar y predicar en su iglesia. Solo había dos iglesias, una anglicana y otra católica, para 455 personas. Carecían de pistas de aterrizaje, televisión y conexión regular con el mundo exterior.

En 2008, Darlene y yo visitamos doce lugares y cuatro estaciones de observación en la Antártida. Alv Magnus viajó conmigo a las islas árticas de Svalbard, tres horas en avión al norte de Tromsø, el aeropuerto más septentrional de Noruega. Aterrizamos sobre hielo en un lugar con solo 2000 habitantes.

Estos son los confines de la tierra que no podemos olvidar. Todos ellos son importantes para el Padre y esperan las huellas de hijos e hijas fieles que no tienen miedo.

Mi largo viaje a casa

El 17 de noviembre de 2022 supe que algo iba muy mal. Agudos dolores empezaron a oprimir mi pecho, intensificándose y estableciéndose en mi torso sin previo aviso. Con el tiempo, el dolor al contacto se hizo más intenso en diversas partes del cuerpo. Incluso el simple acto de moverme en la cama me causaba un dolor agudo.

En el hospital de Hawái, los médicos me diagnosticaron una infección sanguínea. Pero ¿de verdad era eso? Se corrió la voz y los amigos de JUCUM empezaron a orar en todo el mundo. Un intercesor que oró por mí vio algo oscuro en mi pecho.

Comenzaron las pruebas. Los primeros escáneres mostraron pequeños nódulos en los pulmones, demasiado pequeños para ser analizados. Para diciembre, habían crecido lo suficiente como para que los médicos me hicieran una biopsia de pulmón. El resultado mostró que eran cancerosos. En enero, dos médicos confirmaron que la quimioterapia y el tratamiento no eran viables. Pronto recibí un versículo que lo confirmaba: Eliseo había enfermado de la enfermedad de la que iba a morir.[4]

El 22 de febrero, en Honolulú, me hicieron una tomografía por emisión de positrones de cuerpo entero que reveló que el cáncer se había extendido a los pulmones, huesos y el sistema linfático.

El cáncer de pulmón microcítico (de células pequeñas) en estadio 4 es rápido en la mayoría de los casos. El oncólogo nos dijo que, «normalmente, las lesiones en los pulmones crecen rápidamente. Las de Loren crecieron lentamente y no se extendieron al cerebro».

—¿Qué nivel de dolor siente? —me preguntó el médico.

—¡Cero! —le dije.

—¡Es imposible! —Repuso el médico— Es muy raro.

Dar respondió:

—¡Bueno, este hombre siempre ha sido raro! ¡Y tenemos a un gran Dios y a mucha gente que ora por él!

Desde diciembre de 2022 hasta agosto de 2023, las oraciones aumentaron, y el dolor debilitante desapareció. Pero nuevas pruebas confirmaron que el cáncer se estaba

4 2 Reyes 13:14-20

extendiendo. Sin embargo, de algún modo, podía hablar diariamente en línea con miles de jóvenes, tanto del personal como del liderazgo, desde nuestra casa en Kona.

En nuestro gran pabellón de reuniones de Kona, hablé con el personal en el mes de julio. «Los médicos solo me daban semanas, ¡pero ya han transcurrido ocho meses!», les dije, riéndome. La gente se alegró al oír lo que Dios había hecho, pero noté algunas miradas de preocupación. Después de una de las charlas, Dar escribió a sus amigos y familiares: «Tiene muy buen aspecto. Nadie sería capaz de adivinar a lo que nos estamos enfrentando».

Para mi familia, amigos de la misión y para mí, no cabe la menor duda de por qué sucede todo esto. Mi tiempo se está alargando para cumplir el gran propósito que Dios me ha confiado: la visión que se remonta a mi infancia.

De la luna a las multitudes

Los jóvenes ven visiones. Los ancianos sueñan sueños. Mientras lucho contra el cáncer, mi corazón se conmueve por un sueño recurrente: una multitud en el cielo. La visión más importante que puedo imaginar es trasmitir la Biblia y el mensaje de Jesús a todos los idiomas de la tierra.

Cuando era pequeño, quería llegar a todas las personas del mundo con la Palabra de Dios. Pensaba: «Bueno, ya sé lo que voy a hacer. Iré a la luna». Nadie había llegado todavía. «Juntaré grandes rocas para escribir "porque de tal manera amó Dios al mundo, que ha dado a su Hijo unigénito"» (Juan 3:16). Entonces me di cuenta: «No puedo trabajar con tantas rocas». Por lo que reduje el mensaje a «Dios es amor» (1 Juan 4:8). Ese era mi sueño de infancia.

En el padrenuestro decimos: «Venga tu reino. Hágase tu voluntad, como en el cielo, así también en la tierra» (Mateo 6:10). Así pues, ¿qué es lo que se hace en el cielo que no se hace en la tierra? ¿Se está solucionando el hambre en el mundo? No, el «pan de cada día» que pedimos en la tierra abunda en el cielo. El hambre, la tentación y el pecado pasarán. Lo que falta es la adoración. Allá, en Apocalipsis 5, adoran al Cordero, Jesús. En el capítulo 7, los redimidos están vestidos de blanco, una multitud de adoradores que nadie puede contar.

En el cielo, se honrará al Rey en todas las lenguas maternas. Nunca se cesará de adorar a Dios en lenguas celestiales. Esto es lo que pedimos que se haga en la tierra como en el cielo. En la tierra, hay miles de pueblos que todavía no tienen la Biblia en sus lenguas maternas ni pueden adorar en su lengua «en espíritu y en verdad» (Juan 4:23).

¿Por qué son tan importantes las lenguas maternas? La voz de una madre cariñosa nutre, da confianza, cuida del hijo que se moldea en su vientre antes de nacer. Hay estudios científicos que demuestran que los bebés comienzan a reconocer el habla y las emociones en el segundo trimestre del embarazo.[5]

En Pentecostés, cuando el Espíritu Santo descendió con recio viento, «fueron todos llenos del Espíritu Santo, y comenzaron a hablar en otras lenguas, según el Espíritu les daba que hablasen» (Hechos 2:4). No hablaban en las lenguas comunes de Jerusalén, como el arameo, el griego o el hebreo. A medida que el fuego se fue posando sobre ellos, les fueron dadas las lenguas del corazón: «Partos, medos y elamitas, y los que

---

5 Vogelsang, Marin, Lukas Vogelsang, Sidney Diamond, y Pawan Sinha. "La experiencia auditiva prenatal y sus secuelas". *Developmental Science* 26, no. 1 (enero 2023).

habitamos en Mesopotamia, en Judea, en Capadocia, en el Ponto y en Asia, en Frigia y Panfilia, en Egipto y en las regiones de África más allá de Cirene y romanos aquí residentes, tanto judíos como prosélitos, cretenses y árabes, les oímos hablar en nuestras lenguas las maravillas de Dios» (Hechos 2:9-11). Declaraban las maravillas de Dios en las lenguas maternas de sus oyentes. Aquel día, 3000 personas se salvaron y fueron bautizadas. Esta es la narración original de la venida del Reino de Dios a la tierra como en el cielo. En ella, percibo el mismo fuego que prenderá el avivamiento en esta generación y en todo el mundo.

Unos 200 millones de personas siguen hablando su lengua materna sin disponer de un solo versículo de las Escrituras. Nunca han oído la Palabra de Dios en la lengua de su corazón.

El libro de Sofonías, dice: «En aquel tiempo devolveré yo a los pueblos pureza de labios, para que todos invoquen el nombre de Jehová, para que le sirvan de común consentimiento»,[6] es decir, para que adoren todos juntos al Señor. Él mira hacia adelante, nos muestra su sueño: que todas las lenguas celebren juntas en el salón del trono celestial. Su objetivo son todas las lenguas maternas, en todos los rincones de la tierra.

Equipos de JUCUM están trabajando sobre el terreno para cartografiar diversas regiones remotas de Nigeria, Papúa Nueva Guinea, Nepal y México para acercar la Palabra de Dios a sus lenguas maternas. Recientemente, recibimos noticias de los equipos de cartografía en México de que se han encontrado 50 lenguas maternas adicionales sin Escritura.

A mis 88 años, mientras lucho contra el cáncer, Dios me está dando visiones para llevar la Palabra de Dios a

---

6 Sofonías 3:9

cada tribu y grupo étnico en su lengua materna. ¿Cómo pueden todos oír y creer? ¿Por qué no grabar oralmente la Biblia en la lengua materna de todos los pueblos de la tierra? A medida que se acerca mi hora, estoy convencido de que así es como el mundo oirá y confiará en la Palabra de Dios. La traducción oral de las Escrituras a las lenguas maternas puede conmover el corazón de las etnias.

Los jóvenes visionarios como tú pueden orar y viajar en equipo a las diversas regiones lingüísticas del mundo: América Latina, África, Pacífico, Asia, hasta las tribus y subculturas autóctonas. Ve más allá que yo —más allá de países y territorios— para encontrar pueblos que necesiten las Escrituras en su idioma. Luego, busca a tres o más hablantes nativos que te ayuden a presentar la Biblia en su lengua materna. Busca también a los que hablan una lengua común como el inglés, el español, el francés o el mandarín. Los hablantes de la lengua materna son expertos en sus expresiones, vocabulario y cultura y, junto a los otros, podrán traducir las Escrituras de una lengua comercial a su propia lengua materna, además de hacer correcciones con el equipo de tres y su comunidad.

Cuando se complete el mapeo en un área, podrías ayudar con la grabación, servir a los traductores de lenguas maternas y compartir las grabaciones orales con los lugareños entusiastas. Las grabaciones orales caben en tarjetas de memoria del tamaño de mi uña y funcionan en los teléfonos móviles más simples. Los voluntarios de JUCUM que recorren senderos escarpados han encontrado teléfonos como estos incluso en remotas aldeas del Himalaya. Los aldeanos utilizan cargadores solares para habilitar estos dispositivos móviles. Dado que no tienen acceso a internet, alguien viaja a ciudades más grandes para conseguir música para compartir en la aldea.

¿Por qué no proporcionar a la gente la Biblia para que la escuchen en su lengua materna? Se cumpliría la visión que tuve en 1956 de oleadas de jóvenes de todas partes yendo a muchos lugares. ¡Imagina misioneros de todas las lenguas maternas que se suman a la gran comisión!

Durante cinco siglos, hemos dependido de la letra impresa. Actualmente, con la grabación y distribución digital, las culturas de narración oral de los pueblos nativos pueden fortalecerse. Puedes honrar y capacitar a los hablantes de lenguas maternas para acelerar la traducción de la Palabra de Dios.

Todo esto puede comenzar una vez que ores y te dispongas a buscarlos. Cuando halles a esas personas y lugares no alcanzados, registra sus coordenadas GPS y conéctalas con nuestro sitio de oración *PrayOMT.com.*

Jeremy, un joven jucumero, me envió un mensaje cuando su equipo visitaba un pueblo nepalí cerca de la frontera con la India. «Durante 13 años, han venido trabajando en el vocabulario, con la esperanza de lograr tener una Biblia en su idioma. Ahora quieren terminarla en un año. Quince pastores de la región se han sumado a la visión de lenguas maternas orales».

Al igual que el hombre que fue a buscar a los mossi, Dios puede llevarte hasta los confines de la tierra. Y al igual que los mossi, sus tribus y culturas hallarán redención y reforma.

No hay caminos llanos hacia todas las tribus y lenguas. Hay que adentrarse en culturas que nadie había soñado conocer. Experimentarás lugares muy distintos de los que habías conocido. En el 2023, un equipo encontró en Madang, Papúa Nueva Guinea, una tribu que no había conocido el mundo exterior hasta hace ocho años. Eso sí que es «el fin del mundo».

Es la clase de desafío que recibí en mi juventud: Ir por todo el mundo por causa del evangelio.

En nuestras primeras escuelas en Europa, entre 1969 y 1970, extendíamos mapas en el suelo. Los jóvenes estudiantes oraban sobre los mapas y se preguntaban «¿adónde iremos?». Uno por uno, oraban y obtenían un país. Solo cinco años después, estaban allí sirviendo. Nuestros equipos recorrieron África, otros fueron a la India, Nepal y Afganistán, todo porque oraron y Dios les dijo: «Ve». Dios les habló, como te habla hoy a ti.

Ahora podemos orar y llegar geográficamente más lejos. Podemos llegar a auscultar la profundidad de los rasgos que conforman la cultura y la identidad de todas las personas: ir a todas las lenguas maternas.

Hay mil millones de adultos que no saben leer, una de cada siete personas en la tierra. ¿Cómo recibirá esa gente la Palabra de Dios de manera que puedan responder?

La Biblia dice que, en el principio, «dijo Dios» (Génesis 1:3). No dice que escribió. El hombre escribió, pero Dios habló. Y Él habla todavía. Dios dice que «la fe es por el oír, y el oír, por la palabra de Dios» (Romanos 10:17). Él se comunica oralmente.

Jesús dijo: «Mis ovejas oyen mi voz, y yo las conozco, y me siguen» (Juan 10:27). De modo que puedes oírle y seguirle hasta donde Él te guíe, más allá de límites y fronteras.

Localiza tu mossi —el grupo de lengua materna al que Dios te guíe—. Ora. Sirve. Honra. A medida que encuentras a los nativos de tu lengua materna y a sus expertos para traducir la Palabra de Dios, podrás comenzar la traducción de la Biblia. Únete a nuestro esfuerzo en favor de las lenguas orales en *PrayOMT.com*.

Mi sueño también puede ser tuyo. Mientras me preparo para el fin, no espero «pasar mi antorcha» a otro; ruego para poder encender las antorchas de muchos que continuarán hasta que venga su Reino. Muchos pueden hacer suya esta visión, la más increíble que jamás pude imaginar. La multitud celestial se acrecentará en la eternidad porque corazones valientes en la tierra siguen a Dios hoy para grabar las Escrituras en cada lengua materna.

Cuando oigan la noticia de mi partida hacia el cielo, espero que recuerden este llamado y respondan.